O Verdadeiro Sentido da Vida
Sois Deuses

Mauro Judice

O Verdadeiro Sentido da Vida
Sois Deuses

© 2001, Madras Editora Ltda.

Editor:
Wagner Veneziani Costa

Produção e Capa:
Equipe Técnica Madras

Ilustração da Capa:
Renata Guedes Pacces

Revisão:
Adriane Aparecida Gozzo
Ivani Martins Cazarim

ISBN 85-7374-443-X

Proibida a reprodução total ou parcial desta obra, de qualquer forma ou por qualquer meio eletrônico, mecânico, inclusive por meio de processos xerográficos, sem permissão expressa do editor (Lei nº 9.610, de 19.02.98).

Todos os direitos desta edição reservados pela

MADRAS EDITORA LTDA.
Rua Paulo Gonçalves, 88 — Santana
02403-020 — São Paulo — SP
Caixa Postal 12299 — CEP 02098-970 — SP
Tel.: (0_ _11) 6959.1127 — Fax: (0_ _11) 6959.3090
www.madras.com.br

*V*endo as coisas de baixo para cima no imenso saguão do aeroporto de Congonhas, agora percebo detalhes e nuanças do ambiente que antes jamais supusera. Nunca como ali havia notado os desenhos do teto — as três saliências em forma de ondas acompanhando o saguão oval, a sua cor cinza combinando com as pastilhas nas colunas, as clarabóias de luz artificial no interior do círculo formado pelas ondas, as clarabóias de luz natural fora do círculo —, talvez porque tivesse o hábito de andar olhando para o chão, talvez movido pelas instâncias do transcurso que nos põe no caminho um sem-número de pessoas pela frente, que nos obriga a desenvolver uma cintura nervosa. Destarte que, do pequeno trajeto por mim percorrido, compreendido entre a entrada do saguão sobre a esteira rolante que me leva à porta de embarque, estranha e inesperada clareza sobrevem-me à mente e me abasta de uma consciência absoluta, de insólita supersensibilidade, a ponto de todas as passagens de minha vida se me afigurarem de uma crueza e intensidade vertiginosas. Tal estado parece ser adivinhado pelas pessoas em derredor, as quais fazem a mim, um político vetusto, curtido aos sóis dos palanques abertos, sentir-me acuado devido à insistência de seus olhares. Por que aquela roda toda de olhos fixos sobre mim, inquiro-me, se, político, não tenho eu envergadura o bastante para atrair a atenção assim, eu, um vereador somente, de uma cidade monstruosa onde os cidadãos mal conhecem seus representantes senão por eventuais escândalos ou pelo desvendamento de algum comércio desonesto de cargos públicos? Não me causa, contudo, envaidecimento, isso, essa gente curiosa a me cercar de olhos indiscretos. Antes, ao contrário, mais me prende o fluxo frenético de meus pensamentos que, aclarando os nichos de memória com uma luz desassombrada e até impiedosa, e me fazendo ver a contragosto muitas passagens de minha vida que eu preferiria mortas, me faz sentir tal vergonha de mim mesmo e da vida pela qual eu havia escolhido viver atrás de meus 70 anos, que, se pudesse, me poria a andar em meio à gente, a encobrir o rosto, as mãos em cuba. Digo-lhes, que, se me tivessem tirado toda a roupa e me deixassem em meio ao saguão do aeroporto como vim ao mundo, não teria sentido a mesma vergonha e a mesma humilhação. Mas por que motivo achaca-me tal sensação se não sou alvo de nenhum escândalo no momento, nem me vejo investigado por qualquer comissão de inquérito parlamentar, como nem tenho qualquer pendência judiciária a manchar-me a ilibada reputação? Muito pelo oposto disso continuo a ser o respeitado e temido vereador, líder de bancada, homem acariciado pelos louvores do mundo, admirado pela gravidade e *glamour* do poder. Que então? Sinto-me o menor dos homens... Vejo a história de minha vida correr no fio de ferro como um trem sem obstáculos, mas sem a dignidade e a imponência da máquina que atravessa segura e calma a grande planície.

    Cheguei à grande cidade em anos adultos, sou natural do interior, onde me formei advogado e travei as primeiras demandas causísticas. Em minha pequena e provinciana cidade, contudo, não encontrei nem guarida para minha ambição nem problemas bastantes, senão impasses domésticos que não passavam de discussões mulares ou litígios entre compadres que mais das vezes se resolviam na esfera consensual, esfera muito aquém de meus horizontes. Homem cético e pragmático, nada mais antevia que aquelas montanhas da província a saltitar para o infinito, as quais fatalmente me fariam esbarrar nos altos edifícios da capital paulista, na *polis* onde eu me fixaria, encontraria o meu lar e constituiria fama, não tinha dúvida. Por essa razão, jamais dei ouvidos para todas as pendengas religiosas, pouco se me dava qualquer tipo de conversa que ultrapassasse o mundo "real", o meu mundo real, dentre fóruns e tribunais, cartórios e bancos. Em nome da vida prática, obstei muita manifestação atinente ao mundo interior, íntimo, das coisas dos sentimentos, negligenciei em demasia a matéria psicológica, o conhecimento do outro que não me levasse a frutos palpáveis, atitude que me acarretou desastrosas conseqüências, que agora me surgem vivazes nessas memórias, ou melhor, nesse fluxo incontrolável de lembranças sobrepostas.

    Tive uma infância saudável e alegre, exceção feita a algumas incômodas e bisonhas ocorrências que povoavam mormente minhas noites, quando eu via imagens insólitas, sombras que se revestiam de formas bastante nítidas e assustadoras, e, até, aparições de parentes falecidos que causavam demasiado constrangimento em minha família, pois eu as relatava, terminando sempre em reprimendas de meus pais ou mesmo do sacerdote que se encontrasse à mão. Mas vim para São Paulo. Quando bem me punha de esquecido sobre todas as ocorrências estranhas de minha meninice, das quais não me detinha em explicações melhores senão como fruto de uma mentalidade poderosa e imaginativa, de um sujeito sonhador desde verde, já daí uma personalidade pertinaz, pouco ou nada acomodado entre limites da existência e que prefere viver das promessas de uma vida mais ampla e entusiasmada, vim para São Paulo, como enunciei, e aí me casei, tive dois filhos e consegui alugar a minha primeira sala para oferecer meus préstimos advocatícios à crescente clientela.

A sala. Minha sala. A custa de trabalho duro, finalmente reuni monta para alugar uma sala na região central da cidade, deixando-me satisfeitíssimo, pois intuía aí, não sem acerto, o primeiro marco efetivo de minha ascensão profissional. Uma sala não representa pouca coisa para um advogado que vive de um trabalho muito pouco quantificável, dependente do imponderável mundo das "formalidades". Ora, o escritório produz um efeito mais robusto nessa espécie de serviço, assim como uma simples petição de separação consensual pode se tornar uma peça de jurisconsulto dependendo do nome do profissional que a sustenta. O escritório obriga os interessados a irem até o advogado, não o contrário. Isso implica, de saída, em retirar o cliente de seu meio, de seu mundo, de sua fortaleza, de seu prócer, que o cerca lhano e atencioso e com o qual ele já estabeleceu necessária relação hierárquica. Fazendo-o vir ao escritório, o indivíduo penetra em ambiente estranho a que acostumou sua retina e aclimatou seus sentidos, criando-se nele uma posição psicologicamente apassivadora, de requerente, embora seja ele o pagante.

Eu fazia vir a mim os interessados em meus préstimos legais, obervando todos os detalhes do meio físico, de modo a estarem ajustados às exigências do profissional de Direito, como a solenidade e sobriedade da sala, o tempo de espera, o ar concentrado e atarefado da secretária, a roupa escura do advogado, o tratamento de "doutor", criando atmosfera eletiva e mais amoldável na intimidade dos clientes... Agora, consulentes. Não que eu tivesse secretária. Não, de forma alguma. Mal tinha eu dinheiro para pagar a conta de luz, quanto mais empregar uma secretária. Para contornar o problema, eu pagava uma faxineira de boa aparência, que servia a mim e aos outros escritórios geminados no meu andar para fazer as vezes de uma secretária, a quem eu treinava muito bem de maneira a falar pouco com o cliente e a manter o silêncio formal no ambiente da sala de espera. Ah, e que efeito eficaz isso tudo produzia! Todos esses elementos da alma humana, no que tange aos mecanismos psicológicos ligados às relações epidérmicas, sociais, aos impactos interpessoais que exaltam a natureza do indivíduo diante de seu meio ou que o tornam intimidado, e que enfim se consubstanciam na própria essência do poder, estudei criteriosamente, analisei com afinco, talvez porque intuísse meu ingresso no plano político.

E foi precisamente nesses módicos períodos que entrei em contato com Butran, de quem receberia as condições preliminares para me arrojar a uma esfera mais vasta das alimentadas por minhas expectativas imodestas: a atuação na política. E, no dia em que o conheci, fiz funcionar toda a engrenagem de apresentação formal de meu escritório, iniciando por conduzir os meus visitantes a anunciarem-se pelo interfone do portão, de modo que eu pudesse preparar a secretária tão logo os avistasse através da persiana de minha sala frontal. Pressuroso, chamava a jovem faxineira, para quem eu adicionava alguns acréscimos no salário como reconhecimento desse "extra" a mim prestado, e ela prontamente vestia sobre o avental de limpeza um bem arranjado *tailleur* de linho, que eu guardava para essas ocasiões em meu armário. A roupa era encorpada e, como a moça era magra, acabava por lhe cair muito bem, de maneira que não se lhe podia adivinhar as vestes de baixo, os trajes menores. Arrumei-lhe ainda óculos sem grau para dar-lhe um aspecto mais sóbrio e disfarçar suas maneiras ameninadas e os desarmoniosos e agudos gestos da adolescência. Em seguida, ela se sentava diante de um computador avariado e sem mais utilidade — virado, portanto, contra as poltronas da pessoa chegada —, o qual ela teclava com a desenvoltura de uma secretária trilíngüe. Quando o cliente entrava na sala, esta dividida em dois ambientes, a moça chamada Walquíria seguia um rito de gestos e alocuções já bastante condicionados. Primeiro, observava o ritual de chegada do visitante, quer dizer, virava-se para ele de sua mesa e prestava-lhe um bom dia cordial, porém seco, quase sem tirar os olhos atentos do periférico do computador, para só em instantes anunciá-lo pelo interfone (de mesa), o qual também não funcionava, e somente após decorrerem mais alguns momentos levantava-se de seu lugar dizendo : "vou ver se ele já pode atendê-lo", e se dirigia à minha sala, onde permanecia por outros minutos. Quando corrido o tempo preciso para intimidá-lo, mas não irritá-lo, voltava à sala de espera, postava-se respeitosamente diante do sujeito pedindo desculpas por mim, dizendo-me em uma ligação de urgência ou em um pedido de *habeas corpus*, mas que não se preocupasse, não vai demorar, eu o atenderia em minutos, explicando tudo e voltando em seguida à tela do computador, completamente esquecida do visitante e atida com devoção religiosa às importantes e intermináveis petições e pareceres jurídicos, os quais ela deveria datilografar em rito sumário.

No entanto, dessa vez, o sujeito à espera não era um sujeito distinto qualquer — os distintos tomam a todos por si —, era Butran, a quem me referi anteriormente, figura tarimbada e ladina que possuía os olhos sempre abertos e nômades em demanda de sua natureza especulativa e interesseira. Ele percebeu que a tomada do computador não estava conectada, apesar da desenvoltura com que a moça teclava e as caretas de compenetração e acuidade que fazia diante da tela. E, para piorar, a atenção do visitante escapou para o espaço inferior da mesa, fazendo-o notar que a meia da suposta secretária também não combinava em nada com o sapato e o restante da roupa. Como, então, perguntou-se ele, jogando suspicazmente o corpo contra o encosto da poltrona, moça assim esmerada quanto ao conjunto da roupa iria derrapar num detalhe menor como só podia ser uma meia? Havia farejado algo de errado, ele, o Butran, homem do mundo, e jamais perderia a oportunidade de mostrar isso, que não o houveram pego na sua especialidade, a esperteza, da qual se orgulhava e pela qual dividia os tipos humanos.

Arremeteu-se do assento com desenvoltura insuspeitada para alguém de seu tamanho e, contudo, coisa estranha alterou o ritmo que se esperava impetuoso e desacelerou os movimentos num andar redondo e calculado, rumando em direção à secretária, em quem pregava os olhos pretos e pequenos enquanto erguia um sorriso maldoso, quase imperceptível. Como ele previa, a moça não pôde esquivar do rosto a expressão de terror ao reparar que ele se aproximava, podendo ver o visor desligado e surpreender a encenação.

— O senhor não deseja tomar uma água? — perguntou ela desesperada, apontando para uma mesinha em que se via pequena talha de plástico, ladeada de alguns copos e mais uma garrafa térmica.

Ele se aproximou ainda um tanto, ficando pouco menos de um metro da moça que, aterrada, olhos esbugalhados, reparava nos estranhos traços do sujeito, na conformação da cabeça quadrada e compacta que parecia pequena em relação ao corpo e ao pescoço taurino.

— Boa! — disse Butran, por fim, ao cabo de instantes, arrojando-a para trás, movida pelo susto, ao mesmo tempo em que se afastava em marcha-ré, a fim de não lhe tirar os olhos e sorver cada detalhe do rosto dela, em que se viam alinhar as feições de profundo alívio — Uma água.

Tomou a água com volúpia e lançou ao fim uma piscada de olho para a pobre, acompanhado do sorriso mais cínico que ele pôde caprichar. Em seguida, voltou a se aproximar, com evidente prazer em acompanhar a crescente perturbação da moça. Quando já perto, a ponto de ver a tela novamente, ela se agitou à procura de meio para afastá-lo de lá, até que achou dizer que o café estava fresco.

— Foi feito agora, agorinha mesmo!

Ele mais uma vez lançou-lhe a mesma piscadinha de olho e sorriu do exato mesmo jeito de momentos atrás, do modo que era só dele, bufamente cínico.

— Boa! — repetiu, assustando-a de novo, enquanto reparava na gota de suor que via brotar do topo da testa da garota, a qual ele limpou desavergonhadamente — Nada como um cafezinho para relaxar, não?

Ela lhe devolveu o sorriso mais pífio do mundo, assentindo desconcertada com o esquisitíssimo e importuno visitante. Súbito, derrubou o cinzeiro no chão e, ato reflexo, foi buscar a vassoura, varrendo com desenvoltura que a seguir cismou ser perigosa, pois não seria muito bom deixar transparecer muita perícia nesse aspecto.

— As mulheres trabalham, mas nunca deixam de ser donas-de-casa, sabe? — disse ela.

— Bom, as mulheres modernas estão se tornando muito habilidosas em todas as áreas. Vão acabar sendo boas donas-de-casa...

A moça sentiu-se desafogar, quando finalmente eu lhe pedi para conduzir o sujeito à minha sala. Entabulamos as apresentações e logo de imediato pareceu estabelecer-se entre nós certa empatia, seguida de clima de maior descontração e intimidade. Em determinado momento, questionei-lhe sobre o motivo que o trazia a recorrer a meus préstimos, e ele me disse que poderíamos nos unir em muitos interesses ao que havia visto até ali, mas, antes de começar a tratar

da razão por que vinha, perguntou-me se primeiro poderia aceitar um café. Saí da sala e fiz vir Walquíria, que entrou atrás de mim, trazendo as duas xícaras.
— Seu interfone não está funcionando?
— Eu... às vezes me esqueço dele... — respondi embaraçado.
Butran deu um longo gole na bebida.
— Muito boa esta sua secretária.
— Sim, muito eficiente. — respondi.
— Seria ainda mais se ligasse o computador na tomada.
Walquíria ficou passada, reduzida de vergonha, ao mesmo tempo em que eu me fazia de desentendido, perguntando-lhe o que o trazia ao meu escritório.
— Bom que as vassouras não sejam elétricas. — cortou-me, soltando a gargalhada mais abusada que já ouvira.
— Como?... Eu... Eu não estou entendendo...!
— O avental dela, senhor. — disse — Está saindo do vestido.
Viu-me absolutamente desconcertado e, diante da vermelhidão de Walquíria, abraçou-me em meio às risadas e confortou-me com tapinhas nas costas, dizendo-me um sujeito com futuro, que ia longe, mas não ali, naquele sórdido escritório. — Sórdido, protestei, ele me ignorou.
— Na política, meu caro! — Afirmou com um acento vanglorioso na voz. — Ao meu lado.
— Como? — perguntei espantado. — O senhor...?
— Isso mesmo, meu amigo. Preciso de alguém como você. A vereância anda fraca de talentos como o seu. E, talvez...
Olhou para a minha secretária, enviando-lhe o sorriso e a piscadela de há alguns minutos, na sala de espera.
— ... Como o de sua secretária.
Curto período se decorreu daí, e ao lado de meu encaminhador político, que me tornou um de seus assessores, fiz dinheiro o bastante para comprar a primeira casa, e desse modo me livrei do padecimento crônico dos aluguéis. Nada disse à minha esposa antes de efetivar a compra e não podia caber em mim pela ansiedade de ver sua reação diante da propriedade. Foi um momento feliz aquele, lembro-me bem, disse-lhe: "vou lhe fazer uma surpresa, querida, venha comigo", coloquei-a em meu carro, junto de nossos dois filhos, Bob e Flavinho, e parei diante de uma casa simples, de um bairro afastado, mas agradável e promissor. "É nossa!" respondi ao olhar interrogativo dela.

Ali estávamos nós, e poucas vezes me recordo em minha vida de ter sentido felicidade parecida. Vendo bem agora não consigo enxergar a mesma felicidade no rosto de minha mulher, a mesma felicidade que eu sentia, digo, no momento da primeira visita à casa. Não estava radiante, mas estava satisfeita, queria entrar logo, ver as dependências. Bob saltou do carro com sua costumeira e admirável flexibilidade atlética, enquanto Flavinho enroscou-se um pouco, na pressa de acompanhar o irmão maior. Havia pequeno portão que separava o terreno da casa de outro que não me pertencia, em que se podiam ver alguns pés de uvaias e goiabeiras que fizeram brilhar os olhos de meus filhos. Eles dois, fazendo ambos parte da combustiva primeira adolescência, tinham o tanto de energia que havia de frutos nas pejadas árvores e era qual o encontro do desejo e da fartância. Ah, olhei-os em sua debandada, aquelas crianças, expandindo-se nos corpos já feitos! Era alto o portão e deveria ser transposto, caso se quisesse chegar ao pomar. Bob dependurou-se com facilidade e o suplantou, mas Flavinho, eh, o Flavinho estacou ao pé do portão, fingia que estudava a altura, olhava para o alto, a mão colocada no queixo, eu no entanto sabendo que disfarçava o medo. "Vá, rapaz! Tá com medo?" Gritei-lhe de modo desagradável, irritando-me com sua covardia, ali acentuada pela flagrante destreza do mais velho. Ele enfiou a cabeça no pescoço e voltei a mandar-lhe a subir, sem porém que ele encontrasse coragem o bastante para superar o obstáculo — e a minha decepção. "Não dá prá você, cabeção!" Gritei saindo irritado com sua demora manhosa e, esquecido de que ainda era pequeno, apesar do tamanho, gritei enquanto virava-lhe as costas. Cabeção, eu lhe chamei, surpreendido pela naturalidade com que o dissera, como se já houvesse percebido há muito este defeito de meu filho, quando somente ali, naquele instante, eu o notara. E dava-me conta de que certas verdades estão dentro de nós antes mesmo que a conscientizemos. Voltei-me para Marisa e perguntei-lhe as horas, as quais ela não me soube revelar, pois seu relógio estava quebrado.

— Mas ainda não consertou?
— Não, eu estava para mandar esta semana.
— Você já vem dizendo isso há semanas, querida. — respondi-lhe com entonação nada repressora e até bem humorada.

Surpreendeu-me agora a suavidade e o carinho com que lhe falei, porque, nos dias de hoje e nos últimos anos, brigávamos muito por estas circunstâncias, pois eu implico sobremaneira com a inanição dela diante de problemas insignificantes e discutimos vezes consecutivas, não da forma brusca dos jovens, mas da maneira ranheta dos velhos, sem alterações de voz, sem agressividade no tom, mas no teor do que se diz.

Após termos vistoriado toda a casa, e rido muito, e planejado outro muito sobre qual disposição iríamos colocar a mobília e o que faríamos de acertos e reformas nos ambientes, resolvemos ir embora. Por si só, a ocasião teria-me sido inesquecível pela felicidade sentida por mim e comungada pelos meus naquele tempo. Porém, outro detalhe não menos marcante haveria de inscrever em definitivo essa passagem em minhas memórias. Depois de me encaminhar para o jardim e pastorear meus filhos, voltei para o interior da casa para chamar minha esposa, a quem abracei por trás, dando-lhe um beijo delicado no pescoço e buscando sua atenção, a qual ela não me deu no entanto, congelando o perfil para riscos que protuberavam da parede. Vimos brotar da superfície estranho líquido escarlate que descia até o rodapé formando vários filetes paralelos. Passei-lhe o dedo e senti sua consistência algo viscosa, levei-o próximo às narinas e acresceu-me a suspeita que a vista prenunciava, sangue, devido ao cheiro acre exalado. Sangue? Rejeitei de meu íntimo a estapafúrdia idéia e dei a volta na casa para ver se a parede tinha contato com outro pavimento, de modo a lhe identificar a origem. Nada, não possuía contato com nenhuma parede, calha d'água ou construção outra, não dava a passagem para nenhum conduíte de eletricidade — visivelmente, pelo menos — nem tampouco havia qualquer indício de passar por ali encanamento que fosse, já que se tratava de parede da sala. Tão entretido quanto intrigado, permaneci no local por considerável tempo, a ponto de minha mulher surpreender-me em minha absorta perscrutação. Olhou-me interrogativamente, e eu lhe disse que não havia identificado a substância nem sua origem para não assustá-la, relegando o fato à mera circunstância de infiltração. Ela não deu muito pela coisa, esboçou qualquer aceno de cabeça para me satisfazer a atenção que eu lhe requeria, e já saiu a deter o interesse para outros detalhes, a seu ver muito mais atraentes e estéticos na natural postura feminina de deixar estes enfadonhos problemas de estrutura sob resolução dos maridos.

Semanas depois, quando eu e minha família, na casa encontrávamos instalados e satisfeitos, ocorreu de aparecer novamente tais filamentos estranhos. Para acabar com qualquer dúvida, para tirar da cabeça a idéia de que a substância pudesse ser mesmo sangue, recolhi uma amostra e levei-a para ser analisada no Instituto Adolfo Lutz, conceituado laboratório da capital paulista que, em poucos dias, deu-me o resultado. Não havia mais negar. Era sangue, sem a menor sobra de dúvida. Sangue...

O fato perturbou-me por semanas a fio, mas, vez que não se manifestou outra feita, resolvi não pensar mais no fenômeno, determinado em deixar a coisa por isso, precipitada nos abismos da memória. Em vão, como posso constatar agora em que a vivacidade dos detalhes se me desenganam no curso inexorável das lembranças. Nesse instante, como se estivesse presente naqueles dias recuados, recordo-me de tudo em cada nuance, prova de que subestimamos o alcance dos arquivos da mente, que retém os detalhes com perfeição e fidelidade caprichosas.

Se os meses seguiram-se céleres na vida real, quanto mais em minha memória, em que os fatos que eu julgara completamente enterrados no passado eram repassados contudo. O mais intrigante porém é que, se algumas passagens de minha vida davam-se de modo absolutamente natural, quero dizer, dentro do espaço de tempo a que estamos acostumados, eu vivia outras fases de modo mais acelerado, como o correr de fotocópias de celulóide defronte aos nossos olhos, sem todavia perder a menor emoção vivenciada nos acontecimentos em foco.

Assim se escoaram os anos em muitos acontecimentos, em muitas vivências, em muitos lances políticos, e cumpriu-se extensa seqüência de experiências, as quais compartilhei com minha família, companheiros e com Butran, a quem eu serviria na qualidade de suplente de vereador, prática profissional que me rende aqui penitentes lembranças, recuperadas pelo fustigo da consciência, pelo remorso, em conseqüência do considerável número de atitudes pouco louváveis de minha função no Legislativo.

Dia houve em que eu comecei a acalentar esperanças reais de me eleger como vereador e, com efeito, no pleito possível, isso se verificou, fui eleito e passei a fazer companhia em mesma hierarquia ao meu inolvidável amigo e aplainador de minha carreira pública, Butran. Por anos exerci meu mandato, de pouca vereância propriamente dita e de muitas alianças, mudanças de partidos, conluios, conchavos, convênios. Memórias tristes, tristemente agora me soam, mas que ao seu tempo não me pareciam erradas, antes me pareciam atitudes naturais para esse mundo, astucioso e artimanhoso, em que o indivíduo deveria se garantir se quisesse ingressar nas altas esferas, condição *sine qua non* para se estar bem na vida, pois de modo honesto ninguém sobrevivia nessa loucura que se tornou a humanidade, conforme julgava eu, um homem aqui chegado há tempos aos anos de sexagenário, desinclinado, certo de seus erros, errado em seus acertos.

E nesse justo período, como em outras vezes se deu, eu vejo as memórias se desacelerarem para aos poucos se fecharem em ocasião marcante de minha existência, passagem que mais que todas esquecer eu quisera. Contudo, se, inda em vida, não pudera esquecer, quanto mais agora quando se me avivam todas as lembranças.

Foi um dia que de marcante teve de incômodo e obrigou-me a utilizar todos os recursos íntimos para conseguir esquecer o fato, de jeito a me manter em curso em meus velhos objetivos. Agora, vejo claro cada um desses fenômenos inexplicáveis que passavam a ser rotineiros para mim, cresciam em força, em concretude e em seu carácter assustador, na exata proporção de minha teimosia.

Nesse tempo, distávamos de muitos anos da ocasião em que havia adquirido a minha primeira casa em São Paulo, quando atuava apenas como advogado. Havia acumulado um capital considerável, meus filhos já tinham se tornado homens feitos e, embora a idade madura para andarem por si próprios, ainda moravam com os pais. Marisa, minha esposa, não mudara muito de lá para cá.

Era um dia como outro qualquer e nem mesmo agora consigo especular por quais sortilégios escolhe a natureza períodos planos e medíocres na vida da gente para nos abater com as suas. Tudo começou com a imagem do rosto de Munis, que me não saía da cabeça desde o dia anterior, após eu haver deixado a Câmara dos Vereadores à noite. Sua fisionomia longa e caída se decalcou em minha mente — se eu fechasse os olhos eu o via — e me acompanhou até a hora de dormir, quando cerrei de vez as pálpebras e quando as abri na manhã do dia seguinte, qual se comigo dormira aquele sujeito tão acabado. Ele era o presidente de meu partido, homem de personalidade vaga, sem charme, indivíduo sem expressão alguma, porém, consciente dessa defasagem, não perdia oportunidade de mostrar postiças idiossincrasias, como estilos diversos que não se sustentavam com o tempo e provavam sua artificialidade. Obsediado pela idéia de ser carismático, e assim tanto de ter apelo popular, costumava empacar em certas opiniões, a fazer-se de homem de posições firmes que o levavam à remarcável teimosia. Quando saltei da cama, deparei-me com Marisa, que se via defronte ao espelho. "O que você tem" disse-me ela, com sua peculiar intuição, adivinhando em mim o estado alterado, a contrariedade com algo que ela não podia saber, mas sentir. Eu apreciava essa característica de minha esposa, a sensibilidade de pegar as coisas no ar, de parecer conectada com os sentimentos dos que dela se acercavam, deixando a impressão de cuidado, de zelo, de proteção a todos os seus. Manifestação materna em verdade que sempre sensibiliza os homens. Ela tinha o rosto plácido de quem tem a vida ganha e os olhos de um azul angelical e raso, daquela inexpressividade mais peculiar na íris azulada que nos pares castanhos ou pretos. Seus cabelos eram castanhos, porém seus traços fisionômicos tomavam mais a conformação da raça loira. Ainda guardava atrás de seus sessenta e poucos a beleza de tempos passados, e a obesidade controlada — a custo, uma vez que rigor definitivamente não era um traço de sua personalidade — lhe angariava um arredondamento simpático ao rosto e ao resto. Sua simpatia, aliás, se fincava menos pela presença de caráter e mais pela ausência: ausência de comentar sobre os outros e sobre os fatos em geral, ausência de se meter na vida alheia, ausência de contrariar as opiniões que lhe davam. Do tipo de personalidade que se torna querida mais pelo que não é que pelo o que é: ela não é chata, ela não é crítica, ela não é arrogante.

— O que você tem? — volveu ela a me perguntar, já desta vez virando-se diretamente para mim, quer dizer, sem me falar através do espelho.

Apenas balancei a cabeça como quem diz "nada, não é nada", movimento que fiz acompanhar de breve careta enquanto notava não a ter satisfeito em minha resposta. Ela emudeceu, ciosa com as irregularidades do vestido, mas sabia que eu mentia. Não era de fato apenas a incômoda imagem de Munis que me sobrevoava, era mais que isso. Tratava-se de insólita sensação me fazendo sentir esquisito e inquieto, premunido em verdade pela expectativa de incidente ruim, quanto eminente. Via-me qual se envolvido por sutil e aflitiva energia, acompanhada por um som surdo e demorado nas paredes dos tímpanos, de que não podia identificar a origem, se partido de dentro ou de fora de mim, ao mesmo tempo em que sentia fremir solapante vibração, como se houvesse ininterrupta britadeira batendo ao longe. Resolvi ignorar tal sensação e fui para o meu banheiro fazer a barba, pressuroso em chegar na Câmara ainda de manhã para ultimar as providências de um despacho rotineiro, todavia de importância. Caminhei pelo quarto sentindo os passos pesados, mas continuado em ignorar o estranho estado que se me abatia desde quando pus os pés cama a fora. Cheguei forçado defronte ao espelho do banheiro, atrás do qual peguei os apetrechos para barba e com eles iniciei o aborrecido rito masculino de todo o dia. Súbito, vi a imagem de alguém no reflexo do espelho, de forma tão nítida e vívida que me virei para trás, certo de ver pessoa que estivesse rente às minhas costas. Não avistei ninguém e, ato contínuo, voltei-me ao espelho, assustando-me ao ver um rosto que não era o meu e deixando a navalha cair no chão, após sentir o beliscar de um corte que eu mesmo me fizera. Era o Munis a me olhar com imensa angústia, enquanto lhe envolvia as sombras do ambiente onde se encontrava. Não acreditei nos meus olhos e, terror me roubando a ação, assisti passivo ao desenrolar de breve cena, que jamais se me despregaria da memória, qual fora uma foto chapada no negativo da mente. Munis, visto sentado junto à mesa de seu gabinete, e após deter breve atenção para minha direção, rebaixa olhos e cabeça ao mesmo instante em que vejo se prolongar de seu braço relaxado uma pistola de bom calibre, cujo cano distava um dedo do chão. Em seguida, ele ergue a arma até a testa, quase sem alterar sua fisionomia batida e a aponta entre as sobrancelhas. Antes do disparo arrojar seu corpo para trás em forte repuxo, pude observar o projétil cavar pequeno e seco orifício na testa, formando por certo um diâmetro bastante inferior ao causado na parte traseira do crânio, em que se adivinhava o estrago a contar pela mancha de sangue atrás de si. O espelho usado para me refletir, refletia agora aquela cena estarrecedora e eu desesperado quis sair do banheiro, mas bati pelas paredes ao fugir.

— Deni, Deni! — gritou minha mulher ao ouvir o estrépito na porta provocado pelo impacto de meu corpo, ao fim de minha desastrada correria.

Ela veio correndo e parou assustada sobre o batente da porta, surpreendida em me ver pálido, qual se me houvessem drenado as veias por completo.

— O que aconteceu, Deni? — questionou-me ela enquanto me ajudava a voltar ao quarto, para onde eu a segui docilmente, acabando do sentado sobre a cama, feito um boneco de cera.

— O espelho... — balbuciei, sentindo o queixo mole, o nervoso não me deixando ir além na explicação.
— Que que tem? Que houve com o espelho?

Olhei para ela longamente, ela para mim, eu procurando me recompor, eu me firmando em minhas convicções, aprumando-me ao senso das coisas e em considerar que tudo não havia passado de uma alucinação, ela num olhar expectante.

— Eu... eu acho que não foi nada... — afirmei com uma pontuação que gostaria fosse mais calma, mais autodominada, mas saía trêmula e débil.

Marisa inquiriu-me se havia visto alguma coisa sobrenatural no espelho — conhecida que ela era dos sazonais fenômenos que me confrangiam ao longo da vida — e, diante de minha tíbil negativa, insistiu com vigor "foi o espelho, não foi?" e acabou por me arrancar um silêncio confesso, o qual lhe cumulou de certeza. Foi, balançou ela a cabeça de modo compreensivo. Contudo, minha esposa não deixou de sentir forte arrepio, logo dominado, e corajosamente, diga-se, retesando-se e parando o surto vibrátil que assumia seu corpo enquanto lançava ligeiro olhar para o banheiro, e logo tornando-o para mim, de modo a não se deixar cair em estado impressionável. Ela se levantou firme e desceu até a cozinha, de onde trouxe um copo de água com açúcar, forçando-me a bebê-lo. A coragem e a atitude de Marisa tiveram o efeito de me contaminar e de me encher de vida, a ponto de me fazer recompor o brio ao cabo de alguns instantes. Levantei-me da cama, a pino em minha velha rebeldia a esses odiosos fenômenos, puxando o ânimo aos pulmões, enquanto lia nos traços mais sossegados do rosto dela o reflexo dos meus. Marisa esperava que lhe contasse o ocorrido, mas nada lhe quis informar, pois carecia de um momento de silêncio para me restabelecer e falar a respeito da aterradora cena refletida no espelho, ainda que sentisse gratidão pelo apoio instintivo que me dera ela, tão supersticiosa, e me visse na obrigação de lhe revelar o incidente por outra, eu desejava lhe contar, não tinha qualquer motivo para lhe ocultar o fato, era sempre ela a única pessoa a quem eu dividia todas as aflições no que se referia aos incômodos fenômenos. Ora, foi apenas uma visão, uma visão besta, pensei, repreendendo-me pelo tremor nos extremos de meu corpo, só uma bobagem, uma miragem, por que se ocupar com isso? Contei-lhe, ao fim de minuto, enquanto Marisa me fitava atônita, ela mulher tão crédula a esse tipo de coisas. "Devo estar ficando velho, estou vendo coisas! Fantasias, ilusões de ótica, só isso!...", disse ao fim do relato truncado devido à falência da voz, mas já me levantando ao fim, renovado em forças, e na teimosia, já me dominando, já me reprovando por não encarar a coisa de modo indiferente e impassível, rindo de minha mente fértil e prodigiosa, e fui me trocando enquanto falava, não que pretendesse demonstrar a Marisa leviandade diante da visão, mas queria me despojar de meus sentimentos, da aflição sentida há pouco, do medo diante do ocorrido, assim, simplesmente, tiraria a cena da mente com a facilidade com que tirava meu pijama, e me livraria dela de imediato, tiraria, arrancaria da memória esses fatos detestáveis até provar a mim mesmo não serem profundos esses sentimentos.

Perguntei a Marisa sobre meus prendedores de gravata e se o café já havia sido servido, enquanto ela continuava a me olhar sem mover um só traço do rosto.

— E se ele...?
— E se ele nada! — retruquei entre áspero e ansioso — Foi só uma alucinação e só, mais nada! Vamos esquecer isto, está bem?

Saí do quarto meio pronto, ela me repreendendo pela forma desajeitada com que eu havia posto a camisa dentro da calça.

Mal olhei para o café, saí de casa ligeiro o quanto pude. Dirigime à garagem, onde já esperava a viatura cedida pela Câmara dos Vereadores, dentro da qual o meu motorista, chamado Roberto, ouvia um daqueles programas ruidosos e sanguinolentos tão ao gosto do povo. Cumprimentei-o com econômica mesura de cabeça, vez que não gostava muito dele, porque jamais conseguíramos estabelecer um relacionamento fluido e relaxado. Era-me um tanto arrogante o tipo e me tratava com uma deferência algo displicente — o que nisso era bom: sabia dosar bem o atrevimento, e punha a arrogância em bom bocado, nem o bastante exagerada que me dispusesse a despedi-lo sem escrúpulos, nem tão baixa a ponto de passar despercebido por mim. Não carregava a mão em sua petulância, demonstrando-a apenas para me provar sua independência de mim, posto que meu empregado. Constrange-me todavia a consciência a admitir que seu salário ía alto e ardiloso quanto ía sua humildade.

— Belo dia hoje, hein? — comentei entrando no carro.
— É... Vamos para onde, senhor?

Não respondi. Recostei o corpo contra o assento de trás, como forma de mostrar também meu desdém e obrigando-o a tomar o caminho costumeiro, para a Câmara dos Vereadores.

Já quando entramos no Viaduto Jacareí, percebemos um trânsito incomum àquela hora, e, à medida que nos achegávamos ao Palácio Anchieta, prédio em que se instalava a Câmara, dávamos conta de se tratar de alvoroço causado pelos jornalistas, que se aglutinavam na porta do Legislativo, aparatados de seus furgões enormes e de sua parafernália de transmissão. Havia ocorrido algo, todas as televisões e rádios estavam representadas, algo sério, não havia dúvida. Bloqueavam a entrada, farejavam sua entrevista, incitavam o alarido de modo a atordoar a polícia e desobstruir a passagem pelo acesso da rua Jacareí. Também à porta privativa dos vereadores, na rua Santo Antônio, os repórteres armavam barricada, com certeza para surpreender os parlamentares que chegavam. Especulei com meus botões se o alvoroço não poderia ser provocado pela promessa feita por Munis no dia anterior, de que concederia uma entrevista coletiva, na qual iria falar sobre seu comprometimento no recente escândalo administrativo envolvendo o senhor prefeito. Mas Munis não tinha essa expressão toda, não seriam suas declarações que iriam enxamar tantos profissionais da imprensa. Outro havia sido o sucesso que abarrotava as entradas da Câmara de repórteres e nos prendiam em meio à avenida. E eu sabia exatamente o que era, embora dissimulasse para mim mesmo que não o soubesse. Mandei Roberto fazer meia-volta e ele me objetou que estávamos presos no trânsito.

— A não ser que o senhor queira que eu suba na calçada. — disse-me ele entre insolente e sonso.

— Suba. — respondi-lhe com gosto, tendo o prazer de lhe mostrar minha autoridade.

— Mas a polícia vai me prender se...

— Prenderia-no por certo — disse-lhe eu com altivo desprezo, comprazendo-me em colocá-lo em seu lugar — Se eu não estivesse aqui.

— Sim, senhor. — respondeu ele com aquela sua obediência obtemperada.

De fato, os policiais militares já íam encrespar, mas ao ver a placa do veículo — emblemática do poder — refrearam-se incontinenti e nos deixaram seguir pela calçada.

No retrovisor pude ver a expressão de medo rabiscar o rosto de Roberto, que, humilde, foi subindo com as rodas na calçada e forçando a passagem entre os populares. Tive um pouco de pena dele

— o bandido sabia regular a pressão. Pedi-lhe com modos para encaminhar-se ao escritório de um empresário, conhecido meu.

— "... foi encontrado morto em seu gabinete nas primeiras horas da manhã..." — anunciava o rádio ligado por Roberto, quando encontrávamos a caminho — "... e, segundo a polícia, todos os indícios apontam para su...!"

— Desligue, desligue isto! — ordenei a Roberto que, em outra ocasião, iria demorar alguns instantes para me obedecer, mas, ali, percebeu que eu não estava para meios tons — Para casa, Roberto! Vamos para casa!

No percurso, inclemente cefaléia abateu-me meuito para me deixar enjoado. Agradeci todavia que tal fato se me ocorresse, impedindo meus pensamentos de se concentrarem em outra coisa que não a dor. Quando cheguei em casa, já meu carro na altura do gramado da garagem, vi minha mulher sair apressada porta afora do alpendre e vir em nossa direção. Estacou a meio da distância entre a garagem e a casa, enquanto trazia escrito no rosto tudo o que sucedera. Não iria esquecer o susto cravado no rosto de Marisa jamais. Como jamais me iria desprender da memória cada detalhe do terrível incidente. Não tive mais meios de prorrogar o que ali me era irrefutável. Munis suicidara-se com toda a certeza, e eu o confirmaria mais tarde, quando me acercaria dos pormenores do suicídio com lúgubre e aflitiva curiosidade e constataria que havia posto fim à vida com uma pistola, sentado em sua escrivaninha, ferindo o meio da testa, produzindo a mancha na parede, tudo, tudo, tudo, rigorosamente tudo como eu havia visto na véspera.

Toda essa experiência causou um sismo em minha alma e pareceu fendê-la por considerável tempo, como se eu houvesse perdido a unidade precípua do ser e me visse descentralizado de meu eixo de equilíbrio, provocando-me por dias seguidos um sentimento estranho, dúplice, que não me deixava coeso em nada que fizesse, assim como me angariava invariável sensação de não ter acabado qualquer serviço por mim deveras terminado. Ao mesmo tempo, sucedeu-me outra percepção esquisita, intrigante, inefável mesmo, com respeito ao meu contato com o mundo ao redor, que, explicando mui parcamente, fazia-me sentir forte alheamento às pessoas e às ocorrências à minha volta, qual eu não fizesse parte do mundo, feito eu fosse um forasteiro mal aceito pelo meio social.

Uma pergunta me obsediaria desde então, como a aflitiva e imanente interrogação formada por um assassinato jamais desvendado. O que representaria tal sorte de fenômenos em minha vida? A que levariam? Acaso me impeliam à constatação e ao enfrentamento de uma nova forma de ver as coisas e da subseqüente aceitação de novos compromissos? Eu sabia. Sabia todo o tempo, mas essa questão eu quis sempre e sempre entorpecer no íntimo.

Entorpecer o pensamento de modo a não indagar sobre o desconhecido, sobre o estranho, o diferente, o diverso, algo que seja e que esteja acima de minha compreensão e acima de todas as coisas, pensar jamais nos acontecimentos sem explicação, nos incômodos incidentes que deixem a céu aberto a superficialidade de meus juízos e a vacuidade de minhas concepções; refletir nunca sobre coisa que mostre haver vida pulsante além daquela que podemos perceber, tatear, além de um mundo conhecido, um mundo pisável. Tive medo de enfrentar aquilo que não dominei, tive medo de discutir as próprias convicções, como receei qualquer princípio ou idéia que colocasse em xeque meus atos e condutas pelo tanto que era inseguro deles. Mesmo quando mais jovem, quando ainda suplente de vereador, tempo em que eu me tinha por legítimo colegiado da ordem dos rebeldes do mundo e me punha a desferir meus discursos incendiários nos palanques da Câmara, eu me levava à conta daqueles que se diziam abertos para os pensamentos inovadores e que viviam combatendo as mesmices do mundo. Eu me alinhava aos homens que não admitiam as restrições e os limites estagnantes da vida e procuravam destruí-los de maneira a edificar nas cinzas, mas que no fundo eram, éramos, em realidade, assaz tímidos e hesitantes para abrir o coração ao novo. E, assim como muitos, ao me aperceber de que as mudanças implicariam em alteração de comportamento e de formas de conduta, refreava-me em meus instintos e impulsos de abertura e aí já não queria seguir adiante, aí nem queria dar o passo seguinte, era mais fácil mudar a sociedade velha e demasiado conhecida, mudança que não levaria a risco algum, importa que se diga, pois eu faria vir a mim o mundo, e não o contrário e, em se vindo a mim mudar-me-ia? Agora, no dissenso das lembranças, eu vejo com nitidez vertiginosa, e nauseante, que toda a postura contestatória por mim assumida em jovem funcionava tão apenas para causar impressão, objetivava me enaltecer aos olhos de todos de uma forma ou de outra, ou pela coragem ou pela inteligência, ou ainda pela destemida insubmissão à Ordem, social, familiar, paterna, e quantas mais hierarquias, envaidecido em sustentar o charme da originalidade e orgulhoso em me mostrar alguém acima da grande massa manobrada, com a qual eu não queria me mesclar ou identificar, mas para a qual tudo isso eu fazia. Numa palavra: encher o meu ego.

Contudo, anos mais tarde, uma vez político respeitado e temido, o mundo ao redor se encarregou de saciar o meu ego e, ego enchido, porque das convicções? Porém — o que é terrível, terrível — eu realmente acreditava naquelas convicções, eu realmente acreditava estar fazendo algo para o meu país, eu sentia absolutamente o calor de meus anseios patrióticos e humanos correr em minhas veias quando antevia o que fosse possível fazer para a melhoria das condições sociais. Não tinha consciência de que o fazia por instâncias do ego. Eu não percebia, eu não percebia o poder subjacente do ego é profundamente enganador e sub-reptício, e eis-me: não quis revolucionar nada, quis apenas mudar o mundo para mim, quis apenas trazer o mundo para o que sou, conformar o mundo em meus sonhos. Mas depois que o mundo me preencheu de seus sonhos, os princípios perderam o seu radical. As vantagens da posição e as salvo-condutas que o poder me oferecia, as feições fascinadas, ébrias, os sorrisos súplices, a admiração histérica das gentes que eu via da janela de minhas limusines oficiais, ainda que prazeres fugazes e sinistros, eram tudo o que eu tinha e em que eu me arraigava.

Por isso, antes de falar de princípios, antes de falar de idéias reformuladoras de uma sociedade problemática, antes de tratar de medidas para resolver e sanar as carências das cidades e de promover dinâmicas para melhorar o relacionamento entre os homens, não teríamos de reconhecer imediata e primitivamente o problema do ego?

Difícil é se achegar a algo, sair de si mesmo e encetar movimento para frente, duro é se despojar das velhas revolucionárias convicções e seguir adiante ao novo, àquilo que ninguém conhece, às fronteiras do desconhecido, atrás do qual poucos tiveram coragem de ir ver e espiar sobre a existência. Só agora eu sei, tardo infelizmente, e anseio que haja homens intrépidos que estimem levantar bandeira e pretendam viajar ao mundo do conhecimento revelador. Homens que estejam dispostos a empreender um itinerário em ambos os sentidos, dentro e fora, que, entanto díspares em aparência, formam em verdade uma só viagem. A viagem para o além está condicionada à viagem do aquém, à viagem do íntimo, a mais difícil, a mais temerária e a mais fascinante de todas as viagens para se conhecer o Cosmos, cumprindo assim a imensa sincronia e misteriosa conexão entre a abertura cósmica e a abertura de nosso inconsciente, e verificar que o aclaramento do Cosmos é o aclaramento da inconsciência, não uma impossibilidade ótica, física. Só percorre o indivíduo os mistérios quando tem a alma aberta para o novo e não se prende em qualquer preconceito ou idéia preconcebida, constrói o caminho interior que se verifica a plataforma de partida para o indivíduo humano conhecer o espaço sideral, planetas e sistemas, sintonias, dimensões e outras simetrias, pois nem a mais fria das tecnologias dispensa o conhecimento do calor humano.

Mas isso eu só vim a saber mais tarde. No momento presente, ao correr implacável dessas memórias, confrange-me a constatação de que eu me recusei, eu não quis conhecer, eu não quis ir além, ignorei todos os sinais, preferi me fechar. Contei-me ao número dos homens que criticam a existência pela falta de opções e variedades, e, quando a existência nos bate à porta nos mostrando que há um manancial de possibilidades lá fora, nós continuamos dentro de nós, encolhidos, como crianças pegas numa arte, nos aferrando aos nossos pobres cinco sentidos e não nos permitindo ver que a vida é muito, muito mais rica e exuberantemente bela atrás da porta.

Inventei sistemáticos argumentos para negar a realidade das experiências vividas com relação aos fenômenos inexplicáveis, percebo meu grande e grosseiro engano. Dizer que não fui avisado nem isso posso usar em meu favor, como também não cumprisse comigo a desculpa de que jamais tivesse quem a me encaminhar sobre os segredos dos mundos paralelos, do mundo dos espíritos. Em minha casa mesmo houve do destino me colocar alguém para dar solução a questionamentos que eu jamais quis satisfeitos. Flavinho, meu filho, entre outros, tentou por várias vezes me avisar, me fazer entender a razão desses fenômenos, me mostrar a lógica ou a liga residente atrás da aparente casualidade das coisas. Empedernido como sempre, neguei-me a ouvi-lo.

Trabalhei mais duramente nas lides legislativas, exauri-me mais ostensivamente nos conclaves políticos e chegava exausto e bem tarde em casa, como naquela noite morna e mortiça em que cheguei disposto a entrar batido e ir direto para a cama. Porém, o sono não veio, a morte insepulta de Munis ainda me rodeava e obrigou-me a sair da cama e a errar pela casa em busca de minha mulher, acabando por achá-la no jardim, ocupada em passar certas orientações ao jardineiro. O marido sempre encontra apoio pela proximidade apenas da esposa e fui me sentar junto dela, no banco interno de um caramanchão, sem me importar com a demorada conversa que desemaranhava canteiros, cantos e recantos do jardim, detalhamento lento e minucioso que faz a alegria da natureza feminina, mas que naquele momento sossegava-me a alma como o marulho em tarde quieta.

Depois, falamo-nos um pouco e ela leu a estafa em meu semblante, evitando de forma cuidadosa retomar a conversa que tivemos na véspera, na qual ela indagou se não seria melhor eu procurar resposta pela via espiritualista ou ir ter com alguém experiente nesses fenômenos, como um parapsicólogo ou gente versada em assuntos esotéricos. Como eu não lhe opus um sim ou um não, ela respeitou meu silêncio, e entramos a dialogar sobre amenidades do lar. O sono não me chegava e resolvi ir para o meu escritório despachar assuntos pessoais, atrasados de data.

    Entrei em casa e deparei-me com Flavinho, que a essa época contava vinte e oito anos, reunido com seu grupo de amigos. Muito me seria do gosto se eu tivesse condições de borda-los e conseguisse subir as escadas que conduziam aos quartos, sem me verem. Contudo, para meu azar, deparei-me com uma das meninas que estava à entrada — desgarrada do grupo, sabe-se lá Deus por qual idiossincrasia típica dessa gente — e vi-me obrigado a avançar alguns passos em direção à roda formada por eles na sala dianteira da casa. Já essa circunstância não era fato inusitado, pois que em muitas outras ocasiões se havia dado. A turma de Flavinho gostava de aportar em casa, e eu, de início, sentia prazer em ver meu filho rodeado de jovens de linhagem, filhos que eram todos de gente graúda da sociedade paulistana. Se antes eu lhes dirigia algumas palavras instado pela cortesia e sociabilidade — e até orgulho paterno —, nos últimos tempos, porém, achegava-me a eles movido só pelo impulso de provocá-los. Não gostava do modo como me recebiam, com sua polidez superior e desdenhosa, acedendo em ouvir meus comentários com silêncios entreolhados, como se eu tivesse dito algo impróprio ou dado alguma opinião sem fundamento. Eles, um grupo de gente bem nascida, conseguiam me fazer sentir minhas origens modestas, essa a verdade, como ainda minhas opiniões retrógradas, e eu me via instigado a lhes mostrar que também não eram tudo isso. Até mesmo Flavinho parecia olhar apreensivo para os colegas diante de posição ou comentários meus, como se melhor fora se eu não os desse. Pensava que eu não percebia sua presteza em me despachar, mas também por isso eu ficava e lhes tecia vários pareceres "reacionários" para aquela reunião de jovens neo-socialistas, pareceres esses que pouco ou nada refutavam — o que também evidenciava sua altivez em relação a minha pessoa.

— Pá, vem aqui só um pouquinho. — pediu-me ele, saindo para a sala dos fundos.

Ainda permaneci algum tempo caprichando em certas opiniões despropositadas somente para contrariá-lo — enaltecendo alguns princípios liberais ou antes mercantilistas, consubstanciando-os em idéias que sabia doer no ouvido deles como "o brasileiro precisa trabalhar mais para exigir mais direitos" — e, em seguida, em vez de ir ao encontro de meu filho na sala recuada, pedi para lhe avisarem que eu pretendia tomar um banho primeiro, pois estava cansado, pois costumava trabalhar muito.

Hora mais tarde, ao descer para o meu escritório, avistei Flavinho dependurado em um de seus colegas. Eu sei, era o jeito, seu hábito de tocar seus interlocutores, de lhes falar com o rosto muito próximo, pode-se entender como uma manifestação carinhosa de se comportar, eu sei. Mas aquilo me incomodava. Esquivei-me para o meu escritório, côncio de que meu filho me avistara, e não transcorreram muitos minutos daí, eu me encontrando sentado na poltrona, remexendo em alguns papéis, quando Flavinho me apareceu. Para mim, ele era em tudo inexpressivo e praticamente sumia se comparado ao irmão mais velho. Olhando bem, olhando agora, vejo que sempre lhe apreciei com rigor excessivo, nem era ele tão feio como eu julgava, nem assim sem dotes físicos quanto estimava. Contava entre o tipo de pessoa que some em meio à multidão, que nunca atrai o olhar quando enfiado em grupo mais numeroso, mas, a uma apreciação mais detida, via-se nele traços distintos, bonitos mesmo. Todavia, meu olhar raivoso tendia a ver em suas vantagens, desvantagens, como por exemplo seus traços delicados que eu punha à conta de femininos, seu nariz pequeno, sua boca carnuda, seus olhos cilhados, traços que, a meu ver, pincelam a alma dos homens fracos, dos conduzidos, que não pertencem ao mundo masculino, o qual resolve as coisas e encontra solução para necessidades e aflições da humanidade. Não, ele não. Ele e o seu dileto grupo de amigos faziam parte dos indivíduos nascidos para contestar, para relativizar, para bossalizar os realizadores. São os "sensíveis", os delicados de alma, os artistas, os estetas ou os espiritualizados, sem dúvida, mas que não fazem o milagre da multiplicação dos pães.

Pois ele entrou no escritório e reteve um ar complacente, compreensivo, que me aborrecia. Aquele seu jeito de que já sabia das coisas, atrás de seus incompletos vinte e oito anos, impelia-me a contradizer fosse o que fosse que dissesse, verdade que proferisse, sabedoria que explanasse. Percebia certo orgulho em seu rosto em poder me dizer alguma coisa, em poder me ensinar algo, sentia-se cheio de si de estar sendo um bom filho, em poder me ensinar o caminho edificante da religião. Ouvi com ar cansado toda sua explicação sobre o que chamava de fenômenos mediúnicos, que eu tinha mediunidade, que eu deveria desenvolver minhas faculdades extra-sensoriais.

— Desenvolver... — repeti de forma enfadonha, não perceptível para ele.

Desenvolver, sim, replicou ele, com um entusiasmo juvenil e ingênuo, enquanto veio andando para o meu lado com aquele seu passo mole, delicado.

Por que não anda como um homem?, pensei com mais raiva, sem nada dizer, com o olhar rebaixado que pretendia inibidor, mas que ele infelizmente entendeu como um silêncio humilde, acolhedor. Deu a volta sobre mim e, ao encontrar-se atrás da cadeira, colocou a mão sobre o meu ombro, o que me provocou imediato sentimento de repulsa. Mas que diabos, pensei, será que ele tem de ser carinhoso assim? Além do mais, eu achava que deveria tratá-lo com firmeza, desconfiava de sua masculinidade, se visse em mim, seu pai, alguma frescura, poderia cair de vez no homossexualismo, se ainda não tivesse caído, pois não é o pai o modelo básico na formação da identidade dos filhos? Levantei-me da cadeira para ele retirar sua mão e voltei-me para a janela, onde permaneci de modo a acabar o assunto. Ele, porém, mal me interpretou mais uma vez, julgando-me em conflito de alma, como se eu tivesse caras as bobagens que falava.

— Papai, eu sei que é difícil tudo isso para você...

— Tudo bem, filho, tudo bem. Agora o papai precisa trabalhar. — repliquei com vigor para cortar os seus comentários sobre a espiritualidade e coisas tais que me aborreciam mais que tudo.

Um tanto brusco fui e resolvi amenizar, complementando que lhe agradecia muito a atenção. Ele tentou me abraçar dizendo "vai dar tudo certo, pai, você não vai mais sofrer estas esquisitices". Porém fui ligeiro e virei aproveitando-me da hesitação dele em me encostar, extraindo-lhe um olhar surpreso — como coisa que fôssemos acostumados a nos tocar em casa —, distanciamento aliás que eu preferia deixar como sempre fora; se somos pouco dados a toques, porque não continuarmos assim? Esquivei-me, pois, dizendo que havia uma corrente de ar ali, eu estava com início de gripe, eu não podia ficar com a garganta ruim, eu iria ter importante discurso a fazer...

Vi-o indo embora, algo confuso, pequeno, não tinha o tamanho de minha família, como o seu irmão, puxara a estatura do lado materno. Mas não se pense que eu não gostasse de Flavinho, só não sentia nenhuma admiração por ele, algo nele me aborrecia, aquele seu jeito carente que me soava fraqueza de espírito. Gostava.

De qualquer forma, todas as coisas que me disseram meu filho e outras muitas que me falou minha esposa sobre essas estranhezas da espiritualidade passaram a me incomodar nos últimos tempos, depois do ocorrido, depois do triste fim do líder de meu partido. No passado, jamais dera ouvidos para essas conversas de existência de vida em mundos paralelos, jamais creditei mais conceito a tais histórias que o de superstição de rústicos ingênuos, crendices estapafúrdias, mitologias sem arquétipos. Enganava-me e queria-me longe do tipo de gente que acredita haver algo além da morte. Mas havia sempre as pessoas de fé, que se fiavam nos imortais do além, os quais enciúmam a nós, as notoriedades, os imortais do aquém. De jeito ou de outro, a catequese de meus próximos perturbou-me, apesar de meu esforço intenso em não lhes dar atenção. Meti-me nos labores domésticos a fim de parar de pensar, deixei a coisa em suspenso, mais tarde resolveria o que fazer, se deveria resolver coisa qualquer. Porém, debalde, os pensamentos voltavam-me com uma insistência basculante, não me soltavam, partiam, e tentei refugiar-me no sono, indo dormir. Mais um dia se foi, mais uma noite mal dormida, sonhos sufocantes, o rosto de Munis, e acordei de velho perturbado pelos mesmos questionamentos ou antes pela "Impressão", que não me deixava e teimava em me acompanhar por onde eu fosse, que me pespegava, me melava.

Saí de casa bem cedo, animado com um novo sol, mas, chegando ao prédio da Câmara, perdi toda a motivação de entrar, e entrei. Não me encaminhei porém, para meu gabinete, pois me lembrei de que era esperado no plenário para uma sessão ordinária, que acabou não ocorrendo por falta de *quorum*. Os poucos colegas vereadores a comparecerem foram deixando a grande câmara ovalada, e eu me permiti restar algum instante sentado, ilhado em meio a poltronas vazias. Butran se via a três assentos de mim e se entretinha com dois companheiros nossos de partido, os quais discutiam em silêncio alto e concentrado. Aquela votação fracassada para nós vereadores situacionistas, embora rotineira, acorcundava-os em comentários vigorosos, quanto calculados, sobre o panorama político. Eu, de mim, nada dado ao andamento da disputa, limitava-me a contemplá-los desmudado, com inveja de sua fixação ansiosa na planilha das sessões plenárias, a qual possuíam bem debaixo dos olhos e a partilhavam nas mãos, fazendo lembrar três camundongos sobre sórdido pedaço de queijo. Que volúpia em planejar pecuinhas para obstacular as artimanhas da oposição, que sanha em obstruir um projeto de lei proposto pelos adversários e urgente para a cidade, qual se deixassem cair de suas mãos pequenas um parafuso nos dentes da engrenagem. Ah, como eu os invejava! Pareceram por fim chegar a uma estratégia de contra-ataque, a contar pelo modo como retesaram os corpos nos encostos das poltronas e pela inspiração que deixaram ouvir em seguida. Despediram-se e cada um seguiu para seu respectivo gabinete.

— Butran.

Ele estacou e tornou seu corpo obeso para meu lado, de modo que os pés ficaram para frente, o tronco para o lado, e seu rosto para trás, parecendo uma rosca avantajada. Surpreso, não havia percebido minha presença até o momento, tamanha a sua concentração em seus colegas e sua política, mas, ainda assim, logo retomou a rota que empreendia primitivamente, acenando com a cabeça de forma a me indicar para segui-lo em direção à saída. Eu, contudo, permaneci, fiquei na mesma posição, prostrado, quedo, com as mãos na mesa vazada à frente, enquanto, na tribuna, deixava cair o foco de minha atenção. Ele compreendeu que algo se passava comigo e voltou, sentando-se pesado ao meu lado, o seu corpanzil compacto fazendo chiar o assento almofadado. Não me inquiriu nada, ficou parado, sentado solene, de perfil para mim, portanto, pois sabia que eu estava querendo falar algo e esperava que o fizesse, enquanto eu, por meu turno, o imitei, também emudecendo, de modo a criar um clima mais pesaroso e respeitoso. Deixei ir o silêncio até o limite de sua paciência — aliás, pouca — e iniciei sem rodeios.

— Munis não me sai do pensamento.

Agora, ele: deixou o instante calado cumprir sua costumeira impressão de sabedoria, já que por certo nada encontrava a me dizer em resposta. Expliquei-lhe que tivera uma premonição da morte do líder da bancada de nosso partido, mas não fui além disso, não sabia se deveria lhe confidenciar as precisas minudências, o espelho, o tiro... São coisas que fazem parte da vida, obtemperou ele com sensatez, óbvia e quase estúpida sensatez, porém sensatez ainda assim, pois certas obviedades devem ser ditas em determinados momentos de nossas relações humanas, como, por exemplo, "você ficará bem", diante de um doente, ou "descansou em paz", diante dos parentes desse doente.

— Mas você nunca gostou muito dele. — complementou com suavidade.

Neguei de saída com certo arroubo, mas confirmei em seguida, considerando-me ridículo, eu havia criticado Munis tantas vezes e agora tomá-lo por homem indefectível, santificá-lo apenas porque falecera? Butran balançou a cabeça por duas vezes de forma lenta e solene e emendou que eu vivia repetindo que ele era um "caturra".

— Eu nunca usei esse termo. — protestei — Dizia que era um cabeça dura.

— Agora você viu que não era tanto assim.

Olhei para Butran para ver se eu lhe surpreendia o riso seguido desse terrível comentário, mas ele não moveu sequer um músculo do rosto. Aquele era seu inconfundível estilo, a naturalidade e a seriedade de imprimir na fala duplo sentido, a ponto de deixar as pessoas a cismarem se, com efeito, quisera ele incutir humor sarcástico na frase ou fora apenas uma coincidência de acepções. Quem o conhecia a mais tempo como eu sabia que ele com toda a certeza do mundo tivera a intenção de imprimir, senão um duplo, um triplo sentido maldoso na frase, essa já uma interpretação escapável a nós não iniciados no sarcasmo atroz. Surpreendia-me a forma seca e impassível com que ele tratava a coisa, embora não deixasse de causar certo frêmito assustador em quem o ouvisse — fora amigo de Munis décadas seguidas —, porém isso, essa sua forma de não levar tão pesaro-

samente uma ocorrência abaladora como só podia ser um suicídio, me fez sentir súbito e inesperado alívio, o tanto para me ver instado a lhe contar sobre cada pormenor de minha visão sombria e profética no espelho. E o fiz, contei-lhe de um fôlego, sentindo voltar-me ao espírito as impressões sufocantes que me abateram ao longo do ocorrido. Ele nada me respondeu por instantes, enquanto seus olhos permaneciam todo o tempo fixados em sua mão, que descansava no tampo da mesa em painel. Descansava não, garreava o tempo, pois nela eu notava certa tensão que não compreendia de onde lhe vinha.
— E o que você foi fazer no banheiro?
— A barba. — respondi, admirado com o aspecto prosaico da pergunta, enquanto reparava que ele mesmo evitava encarar-me.
Súbito, soltou a gargalhada mais inesperada e escandalosa que já um dia eu ouvira. Olhei para todos os lados do plenário um bocado envergonhado, enquanto apertei-lhe um olhar indignado e opressivo, e dirigi-me a ele de forma a constrangê-lo ao silêncio que eu julgava merecer naquele momento. Ele, no entanto, diante de minha expressão de afronta, se pôs a gargalhar de maneira ainda mais estertórica, a ponto de soluçar ao fim da inspiração para buscar ar aos pulmões e reparar as exigências dos alvéolos esgotados, fazendo nascer em mim duplo e antagônico sentimento. Mais indignação por demonstrar nenhuma sutileza diante de meus sentimentos e um alívio muito intenso devido à certeza que deixava exalar por todos os seus poros de que tudo não passava de absoluta mistificação, superstição, escancarando a sua completa descrença nos ditos sobrenaturais, o impressionante e implacável ceticismo de quem não acreditava em nada na vida, quanto mais em vida após a morte, incredulidade total que eu não havia topado em ninguém até aquele momento. Grande a espontaneidade de suas risadas que alguns colegas parlamentares não deixaram de dirigir risos para o nosso lado, os quais correspondi entre encabulado e reconhecido. Ainda assim mantive a fleuma, pois, afinal de contas, eram meus problemas íntimos, ou ao menos minha aflição irracional, que arrancavam de Butran tantas gargalhadas impudentes. Ele recuperou a respiração, e eu lhe lancei uma expressão severa, quando ele soltou mais uma gargalhada e persuadiu-me de que riria de mim até o fim dos tempos, enquanto eu levasse coisa a sério. Sorri-lhe, no que ele amenizou as risadas, o desgraçado. Sorri-lhe mais, no que ele começou a não ver tanta graça na coisa, o sacripanta.

— Você está rindo de meus problemas pessoais. — disse, caprichando na leveza da entonação para não o instigar a mais gargalhadas, enquanto ele enxugava o suor do rosto com um lencinho desproporcional à sua mão volumosa e quadrada.

— Puxa, você tanto odiava o cara que o acabou matando! — disse contendo-se e limpando-se.

— Chega, Butran. — disse-lhe já um tanto envergonhado de ter pensado todas aquelas bobagens.

— Está bem, está bem. Eu não vou... Mais... Puaah! — e não conteve outra bateria de risadas.

— Chega, Butran. — pedi, reprimindo a vontade de rir — Bem, foi muita coincidência, que posso fazer?

— Deixe crescer a barba.

Findamos rindo eu e ele, risadas que acabaram por me desopilar e trazer-me de volta a tranqüilidade perdida há dias. Assim, a jocosidade convicta do amigo Butran fez ressuscitar em mim o ceticismo que andava meio combalido diante das recomendações fantasiosas e cheias de crendices dos meus parentes e a quem mais eu havia confessado o incidente das tenebrosas imagens. Os expedientes seguiram-se ao longo do dia e eu pude desenvolvê-los de modo concentrado e mesmo alegre, como me era peculiar, e eu reencontrei no trabalho a razão de minha vida, o meu sacerdócio, o qual eu também havia perdido nos últimos dias, podendo voltar para casa reabilitado com minhas antigas convicções.

— Para casa, Roberto! — disse numa imperatividade jovial, como a dizer ao mundo "aqui sou eu de novo", pedido que tirou uma careta compassiva de meu motorista, que, também voltado à submissão indolente, seguiu adiante.

Cheguei ao lar e logo me deparei com toda a família reunida na sala e, pela apreensão em suas fisionomias, pela forma intensa com que resistiam os olhares sobre mim, logo percebi que se encontravam todos lá por atenção a minha pessoa. Não me enganara, conforme me revelou minha esposa, uma vez preocupados com o meu estado nos últimos dias, resolveram todos me fazer uma visita. Vi a surpresa vincar seus rostos pela maneira tranqüila, alegre e mesmo desdenhosa que minha expressão assumiu quando os vi.

— Pelo jeito, ele está muito bem. — disse Bob, lançando para a mãe uma breve expressão reprovadora.

— Mas ele estava tão mal hoje cedo... — respondeu ela, enquanto a voz morria no curso da frase.
— Está tudo bem, então, pai? — questionou Flavinho, em quem pude adivinhar certa decepção.
— E por que não estaria? — respondi-lhe — Por aquela bobagem? Tudo não passa de crendice tola.

Não deixei de sentir certo prazer glorioso pela careta que ele me devolveu e pelo rebaixar de olhos em que ele se escudou, vendo debalde sua tentativa de me ajudar, inútil toda a sua pseudo-sabedoria da véspera.

Minha nora, chamada Maria do Carmo, aproximou-se e me pegou pela mão, trazendo-me da porta até a sala, onde faziam roda os meus familiares. Eu tinha um relacionamento muito bom com ela, fluido, lasseado, tranqüilo, e até posso dizer que possuímos determinada sintonia de sentimentos, pois ela parecia sempre saber o que eu estava sentindo, e, não raro, nos pegávamos a dizer coisas idênticas a um tempo. Também estavam com eles, pequeno no meio deles, meu neto, filho de Maria do Carmo e Bob, chamado Antônio José, para nós, Toninho. Era uma criança que por infelicidade sofria de uma rara doença degenerativa, organizada no cérebro, e que apresentava seus efeitos daninhos em toda sua constituição física, provocando deformações em partes diversas de seu frágil corpo. Um mal progressivo e com a nefasta característica de impedir suas vítimas de chegarem à vida adulta.

Acabamos todos por nos sentar nos sofás, enquanto conversávamos sobre assuntos diversos que tangenciavam calculadamente qualquer menção sobre a morte de Munis, assunto que eu estimava jazido e esquecido. Olhei para o meu neto com disfarçado pesar, já que, a cada temporada em que eu ficava sem vê-lo, sua doença progressiva mostrava seu triste progresso. Acariciei-o, fiz minha parte, desincumbi-me puxando conversa com os outros sobre política, o menino se foi, com o seu corpinho disforme, voltando para o centro da sala, onde brincava como antes, espalhando os seus brinquedos. A visão dele sempre me era dolorosa, em especial quando contradita pela figura saudável do pai. Como podia ser filho de Bob, logo dele, alguém tão favorecido pela natureza, essa indagação sempre me perseguiu e me revoltou.

Meu filho mais velho contava 30 anos e era um indivíduo que agradava aos olhos olharem, a cabeça bem feita e harmoniosa, o nariz afilado, a boca indefectível, belo, muito belo, apesar de em alguns momentos passar-lhe pelo rosto breve contração de idiotia, que parecia lhe trair certa defasagem cerebral, embora fosse alguém bem dotado das faculdades mentais, alguém com impressionante agilidade de pensamento e de articulação verbal. Súbita, muito súbita expressão, tão rápida e fugidia que apenas o notava quem nele se detivesse com acuidade: congelava uma cara parva, como se os traços fisionômicos se arriassem, e já noutro instante ele os recompunha, voltava a ter o mesmo rosto firme e coeso, quanto indevassável. Tinha um sorriso infantil e feliz — felicidade desmentida pelos olhos que brilhavam como vidro estilhaçado —, um sorriso marcado pela constância, sem degraus, muito bonito, mas cuja invariedade diante dos estímulos que o fizessem rir, quaisquer que fossem, fazia ver sua indiferença sobre todas as coisas ao redor. Assim, seu sorriso era sempre amplo, claro, igualmente belo, porque não lhe importava a razão do sorriso, importava que fosse bonito e simpático, cumpria ser o que se esperava dele, um sorriso cumprido. Assim como era constante sua voz sempre plana e sem variantes, num tom agradável e atraente que incutia respeito, mas uma voz estudada, como a de alguém que a emposta premeditando a invariabilidade da entonação. Aliás, tudo nele parecia ser longo e detido estudo de sedução. Eu já quase dizia que nada mais lhe interessava além da sedução de tudo e de todos ao redor, e era inegável a sua eficiência, o bem-sucedido de seu objetivo — se, em verdade, fosse esse seu objetivo —, ele era de fato "o" sedutor. Homens e mulheres gostavam de lhe fazer roda, de ouvi-lo, de tê-lo em seu círculo de amizades e, aí, nesse ponto, existia outro aspecto intrigante e peculiar de sua personalidade: sua não-fixação em nenhum círculo de relações, sua sistemática mudança de grupos de amizades, como se nenhuma das pessoas passadas por sua vida estivesse à sua altura. Talvez aí, nessa atitude esquiva, poder-se-ia surpreender estratégia sutil e calculada de sua sedução, quer dizer, a perspicácia sobre a natureza humana, ou, pelo menos, quanto ao que se refere à singular peculiaridade dos seres amarem aquilo que não têm. Peculiaridade ou fraqueza que ele diagnosticava em si e projetava no resto das pessoas com quem convivia de passagem, fazendo valer seu insólito sistema de os seduzir para, em seguida, abandoná-los. Seja como for, fosse essa a sua intenção ou não, era inegável a impressão que invariavelmente causava em toda a classe de gente. E a natureza o havia dotado de extrema beleza, o que me faz suspeitar sobre a influência de nossas posturas, de nossa força mental com relação ao mundo material, ao meio ambiente, faz-me especular sobre a sujeição das coisas em relação ao nosso halo psíquico. A força da vontade parece mostrar-se poderosa a ponto de os seres influírem nos próprios ascendentes físicos, quando ainda se encontram em forma embrionária, capacitando-os aos seus objetivos futuros. O tipo físico de Bob compunha, como não poderia deixar de ser sob essa ótica, o estereótipo da beleza. E estando ele alinhado em tal estereótipo, atlético, alto, forte, gracioso... características por todos nós conhecidas, não há que se estender em descrições nesse sentido.

Eu dizia que, uma vez sentado em volta de meus familiares, puxei o assunto para a esfera da política, assunto meu preferido, como era óbvio supor. Agora percebo o quanto essas conversas só interessavam a mim, só. Minha nora educadamente me ouvia, assim como meu filho mais novo. Bob, porém, ignorava-me de forma tão completa e cabal que me parecia natural que ele o fizesse, e natural a tal instância que, se agisse de modo contrário, se se virasse para mim franqueando-me sua atenção, como algumas vezes ocorrera, eu julgaria que ele estivesse me ironizando ou querendo alguma coisa. Se, todavia, Flavinho me ouvisse da forma dispersiva e desinteressada do irmão mais velho, provocaria-me irrepresada ira, seguida com toda certeza de duras palavras de repreensão. Coisa estranha isso, variações muitas vezes diametrais de comportamento entre entes de uma única família, em que se admira ver o mesmo pai ou mãe desenvolverem uma resposta diversa diante de um igual estímulo, reação ou atitude recebido por filhos diferentes, criados sob disciplinas e condições semelhantes, sob análogos princípios e costumes.

Olho-os a cada um e a toda a roda de meus familiares e, nesse instante de grande sobriedade a que me vejo investido misteriosamente, desengana-me a realidade. Para meu fundo desgosto, confirmo que Bob nem mesmo me ouvia de viés como antes julgara, não me ouvia em absoluto nem queria saber de meus avanços na vida pública, assim como reparo que os outros, tão menos ainda, só o faziam por educação, respeito ou medo até (como era o caso de minha esposa a quem eu em verdade intimidara ao longo dos anos).

Então, desobrigado de ouvir meus discursos, Bob licenciava-se a outros afazeres ao meu lado como lhe era peculiar. Dessa vez, escolheu brincar com o filho Toninho, a quem chamou repetidas vezes e a quem somente conseguiu tirar a custo de seu mundo. Sentou-se centrado no meio da sala, sobre o tapete, abriu as pernas e estirou os braços de modo a atraí-lo até si. O pobre, contudo, tinha péssima coordenação e, mesmo aos três anos de vida, ainda andava com muita dificuldade. Bob se mostrava invencível nessa tarefa, pois não se cansava de tentar fazer o menino caminhar, fossem alguns passos. Como era esperado, o garoto foi ao chão, ou teria ido caso o pai não interviesse, cercasse-o com os braços e lhe arrebatasse ao peito. Triste, o pequeno balbuciou certas palavras, fazendo entender que jamais conseguiria, jamais iria andar como seus primos, filhos do irmão de minha nora. Bob insistiu para o pequeno tentar uma última vez.

— Ão, pai, ão! Ão quero, pai! — negou-se o menino, falando de sua maneira fanhosa e obstruída, enquanto detinha em direção ao pai o rosto derramado por efeito da doença.

— O importante é tentar sempre, filho. — disse-lhe Bob, com firmeza paternal.

O menino bateu em Bob e afastou-se dele de seu jeito canhestro, indo ligar-se a outros atrativos, encantamentos do mundo infantil, que não as expectativas adultas. Bob resolveu deixar o filho em paz, gesto que a olhar atento mais era uma retirada estratégica de quem retornaria à carga e não uma desistência. Voltou ao sofá de onde havia escorregado e logo pegou vistoso encarte publicitário de uma empresa especializada em mobílias para residências — assunto que nunca o interessara. Quando eu acabava de fazer ver às mulheres que a política determinava a economia, não o contrário, o menino achegou-se da mesa de centro da sala e puxou a pequena toalha para a sua direção. Havia sobre ela uma peça de adorno feita de material reciclável, de qualidade duvidosa, que acabou por se precipitar e vir ao chão, digo, tapete. Minha natureza severa não se fez demorar, e eu passei no menino uma reprimenda desnecessária e um pouco destemperada, a qual suscitou protestos irritados de Bob, pois o objeto nem quebrado havia

— Bob.

A chamada de Maria do Carmo foi certeira e perspicaz, no momento mesmo em que eu e meu filho iríamos partir para a discussão.

— Eu vou arrumar a mesa, querido. — disse-lhe ela com uma expressão que o tanto de doce tinha de firme, enquanto detinha-lhe o olhar, e lhe pegava na mão — Você não quer levar Toninho para tomar banho?

Ele obedeceu cordato e, no tempo em que minha diligente nora ajeitava em dois gestos o breve desarrumo, senti-me um pouco envergonhado e vi-me constrangido a rebaixar o semblante. Fingi aterme a algum imaginário ponto no sapato, o qual limpei com o indicador, risquei os olhos quase toldados pelas sobrancelhas e, involuntariamente, encarei-a. Ela desprendeu um sorriso limpo e simples, onde li que em nada havia se importado com a repressão ao pequeno. A empregada veio anunciar que havia alguém no portão de entrada dos carros, dizendo-se minha conhecida e desejosa por me falar. O nome nada me disse de pronto "Walquíria" e fui ver quem era. Tinha a moça traços familiares, sabia que eu a havia encontrado em algum lugar, mas seu rosto ficava como que à deriva em minha memória, sem responder às perguntas que atam a identificação: onde e quando. Reconheci-a por fim, claro, a faxineira que há anos havia trabalhado em meu primeiro escritório fixado na cidade. Estava mais velha, havia perdido seus encantos juvenis, mas ainda guardava no corpo, ora mulheril, as formas que puxavam os olhos masculinos. Abaixo dela trazia uma garotinha que, embora muito pequena, notava-se mais velha que o tamanho. Ao interceptar meu olhar, Walquíria me disse tratar-se de sua filha, menina de dez anos, a quem ela precisava dar de comer, razão por que me procurava, sobretudo, embora talvez faltasse com os modos importunar-me em minha casa, bater em minha porta, coisa mais deseducada. Admirei o pudor da moça que demonstrava um tato maior que o de muita gente de nível social superior ao dela, e, se de imediato relutei em colaborar, peguei-me num segundo momento a vasculhar na mente alguma forma de ajudá-la. Bateu-me na lembrança que Butran havia aventado, pela época, a idéia de contratar uma funcionária de pouca idade para desempenhar serviços pequenos, pois seus assessores já estavam, como disse, afetados pelo *modus vivendi legislatus*. Virei para Walquíria e disse-lhe que poderíamos tentar (o plural tirou-lhe um sorriso grato, índice de delicadeza de espírito) no gabinete de um velho parceiro de legenda.

— O Butran. O vereador. Lembra-se dele?

A expressão marota que ela me lançou me fez entender que se lembrava, e muito, antes mesmo de ela o confirmar com um aceno positivo de cabeça e uma risada mal contida. Ela agradeceu emocionada minha boa intenção, e eu lhe disse que era esse o papel de vereador, o de jamais se isolar dos desfavorecidos. Percebi que a filha — chamada Gabriela, conforme me informou a mãe — não despregava de mim os olhos escuros e imóveis, nos quais não se enxergava muita ingenuidade. Fiquei um pouco impressionado com eles, tanto mais porque tomaram uma jaça de desafio diante de minha fixação.

— Você é careca. — disse ela enquanto entrava para dentro de casa. Walquíria ficou desconcertada, repreendeu a filha que não lhe deu a mínima atenção, nem quando a mãe lhe chamou de volta para o portão. Eu disse para deixar a criança, pois havia um parquinho no meu quintal, construído há não muito tempo para entreter o meu neto. Acrescentei que seria bom entrarem um pouco, de maneira que eu pudesse telefonar para Butran e me acercar da resposta sobre o emprego. Walquíria cruzou o portão sem jeito, sem saber aonde ir, onde colocar seus gestos, reprimindo suavemente o afoitamento da filha, para ter alguma coisa para falar. Gostei da maneira dela, levando-me a empenhar-me em conseguir-lhe uma colocação no gabinete do amigo. Entrei em casa e, quando olhei sobre meus ombros, a garotinha vinha me seguindo de perto e depositando em mim o apoio que lhe conferia segurança para avançar em terreno estranho. Senti certo cumpliciamento, certa intimidade natural com relação à pequena, e andamos eu e ela lado a lado, como se velhos conhecidos. Walquíria veio atrás, pedindo tímida para que a menina voltasse ao parquinho, mas esta não lhe deu ouvidos outra vez. Continuou a me seguir, confiadamente, como também a mexer em quase tudo que lhe passasse pela frente, ignorando por completo todos os rogos intimidados da mãe de não o fazer. Falei para que Walquíria não se incomodasse, a menina não estava quebrando nada, era natural naquela idade... sentindo um paradoxal misto de raiva da criança pela seu espivetamento petulante e uma admiração por sua audácia juvenil. Ela não era bonita, mas tinha modos sensuais que faziam imaginar o trabalho que daria mais tarde à pobre mãe.

Quando deixei minha sala, já vinha com a notícia sobre o novo emprego de Walquíria. No entanto, não encontrei no jardim senão a filha que, dependurada numa árvore, havia sossegado, permanecendo imóvel sobre forte tronco a degustar uma bala saída de onde não sei, mas ali bem-vinda. Perguntei-lhe sobre sua mãe, e ela apontou para a portão de saída. Entendi que Walquíria havia repreendido com firmeza a filha e estava de costas para firmar sua posição. A menina,

porém, parecia nem dar pela coisa. Ficava ali, quieta, sem se mover, mantendo o olhar detido em mim, sem piscar, baixando-os de quando em vez para seu corpo, como se conferindo se estava bem disposto para que eu a apreciasse.Não, pensei, não era possível. Um menina assim tão pequena já grande assim em sedução? Balancei a cabeça, julgando que via coisas onde não existiam, despachei as duas, a mãe felicíssima, mas fiquei com olhar e jeito infantilmente cúpido da menina gravado na memória.
 Olhei para a ilha. Era minha. Sentado na praia, fiquei por horas a admirá-la, pois havia realizado antigo sonho de adquirir uma ilha, ilhota que fosse, mas não era uma ilhota, era uma ilha de porte, meu sonho realizado. Ali se situava ela, a coisa de cinco quilômetros mar adentro, avistada por mim de outra ilha, de onde eu podia admirar minha bela propriedade por inteiro, sentando-me na areia à beiramar. No crepúsculo, minha atenção focou-se no horizonte até que o poente se desfizesse de todo e, quando me dei conta, o escuro crescia em minhas costas. Vi em meu iate, ancorado a algumas dezenas de metros da mesma praia em que eu me encontrava, a tripulação ligar as luzes, e isso me angariou imediato alívio, o que me fez tomar consciência do sentimento que repentinamente começava a medrar dentro de mim. Todavia, o iate encontrava-se ancorado no outro lado da praia, pequeno, encostado, e jamais poderia responder a um chamado meu da distância em que me via. Olhei para os lados e abracei-me sem saber o porquê de tal gesto, se pois o frio me incomodava ou se pois eu sentia a iminência de algo por acontecer na praia deserta. Olhei para trás, olhei para os lados, não havia temer, eu estava sozinho, então por qual o motivo persistia-me no íntimo a sensação de desassossego, de um nada volumoso a inquietar a superfície de minhas costas? Pus-me de pé disposto a deixar de lado essas bobagens, afinal não havia a menor condição de eu ser atacado por ninguém, me encontrava em ilha esquecida, onde estava mais seguro que na minha própria, uma vez que eu não poderia ser atacado por ninguém. Esse local era ainda virgem e primitivo, não contava qualquer benfeitoria, casa, construção, píer ou atracadouro, razão porque não tinha o menor atrativo para invasor ou assaltante.
 Acheguei-me ao mar, ouvindo meus pés rangerem à branca e fofa areia típica das praias do litoral norte. Tive o impulso de ouvir meus temores e de me proteger no iate antes que a noite corrompesse toda a claridade, mas, ferido em meus brios de homem, resolvi

permanecer na altura em que estava, ao menos por mais alguns instantes, e enfrentar os meus medos. Coloquei-me defronte à minha ilha e assustei-me com a diferença em enxergá-la no escuro pelo contraste de uma vista e outra. No claro era vida e luz, quando agora assumia uma conformação instigante e desagradável. Mostrava-se um bloco escuro e oblongo, cujo contorno era perfeitamente divisado pelo vazio formado no céu estrelado, como se fosse um túnel aberto e sem iluminação interna, um buraco negro, um portal para regiões celestes ínferas, talvez. Estava quieta, mas não parecia de modo algum inanimada e parecia olhar-me, espreitar-me ou, antes, parecia saber de mim, revelar-me, mas, se o fazia, fazia de maneira singularmente desinteressada, displicente, como a não me prestar muita consideração, como a não dar muito pela minha existência. Não gostei da sensação de me sentir invadido de maneira leviana, quanto mais intimidado, e, a fim de provar a mim mesmo que os efeitos psicóticos e inóspitos por ela causados em nada me afetavam, avancei o tanto que a água me coçasse os joelhos, não além. Olhei-a de modo desafiador, com ares de proprietário, e reparei que me roçavam na canela folhas a boiar, uma quantidade absurda de folhas de palmeira-da-índia, um mar dir-se-ia, plantadas em minha ilha somente, expelidas portanto de lá. Voltei-lhe as costas, considerando-me um tanto ridículo por tudo aquilo. Era só uma ilha. Mas confesso que senti todos os pêlos irisados de minhas costas, até me encontrar já no interior do iate. Enquanto eu e a tripulação dirigíamos ao píer, sentei-me na popa, vi a espuma lançada na água pelo motor e olhei para trás.

Cinco anos se tinham rolado desde o funesto incidente do espelho. Eu me firmara em definitivo na carreira política e havia me tornado líder de meu partido na bancada na Câmara. Bob mantinha-se casado com Maria do Carmo — manter, aliás, era o verbo pertinente —, e Flavinho havia se casado e morava há três anos próximo daqui mesmo, numa pequena cidade do litoral norte do Estado. Esperava ambos meus filhos fazerem-me uma visita, que deveria acontecer nas próximas horas, sabendo-os de antemão, como eu, bastante animados com a nova propriedade da família.

Ultimei as providências para esperá-los, queria que tudo estivesse perfeito para eles. Todavia e apesar de minha alegre ansiedade em recebê-los, ainda resistia algo a me incomodar, uma sensação indefinível, irriquietamento constante e recuado, um aflitivo sentimento de fragilidade da vida, como quando vemos uma arma de fogo pela primeira vez. Impressão minha ou tudo fruto de minha imaginação, ou estavam meus ouvidos mais apurados para o natural silêncio da ilha, ou receptavam um silêncio anunciador? Não adiantava me enganar, era ele de novo, eram sinais de meu sentido, sexto, a estragar meus dias, lá, outra vez, eu era passivo dessa tal "sensitividade", como não se cansava de apontar Flavinho, lá, outra vez, vinha-me essa estranha força, único poder que eu jamais almejara e que me punha no limiar entre dois mundos. Ao longo de minha existência, procurei abafar, sufocar, obliterar tais intuições de todas as maneiras pensáveis, mas, no tempo em que vigiram, teria sido assaz sábio de minha parte tê-las escutado, teria sido em realidade proveitoso se tivesse me sintonizado a esse sentido sexto, ah, tanto mais problemas eu teria evitado a emburrar com ele. Verdade que a mediunidade era causa de mal-estares contínuos em minha vida, mas, se tivesse nadado a favor da corrente para escapar à margem e, de inimiga, houvesse trabalhado bem com essa capacidade, ter-me-ia safado de encrencas inumeráveis. Mas sempre me utilizei de todo tipo de mentiras, medicamentos ou calmantes, dopando-me de modo a anular a percepção, negando-me a ver que alguma coisa estava sempre se criando num plano paralelo ao nosso, num duplo, em outra dimensão, onde misteriosamente se esboçam todas as ocorrências e desdobram-se em nosso mundo, num remate definitivo e quase sempre perturbador. Também ali na cálida ilha algo parecia se revolver no vazio e transbordar para os sentidos extrasensoriais, sem porém demover o velho e aferrado Denisário de suas surradas convicções e do bordão "não há nada que eu não tenha visto em meus setenta anos". Pouco tenho de aprender na eternidade de meus setenta anos, quisera dizer. Setenta... como se essa soma de anos pudesse significar alguma coisa diante da eternidade. Sete décadas é um infinito nada diante da eternidade, o que prova que o tempo é uma impressão rudimentar inexistente, passado, presente e futuro coincidem, digo, as consciências de um homem trabalham em conjunto, simultaneamente (o que ja é tempo; a palavra é linear, é tempo), mas em diferentes funções.

Procurei me concentrar no momento imediato e me abstrair do que eu tomava por cismas infundadas, mas relaxei somente ao ver, horas depois, o helicóptero apontar das trevas da noite, o helicóptero que trazia meus filhos. Pousou no heliporto situado na parte setentrional da ilha, o qual eu acabava de mandar reformar, pois estava com fissuras comprometedoras, uma vez que se encontrava há tempos sem reparos. Aliás, não quisera que ninguém visse a propriedade antes de finalizar todas as reformas, de maneira a lhes fazer uma surpresa inesquecível. E não foram poucas, visto que a licença de uso da ilha foi arrematada de um milionário falido e achava-se na urgência de restauros por todo lado. Para minha alegria, meus filhos saltaram céleres da plataforma de pouso e ficaram bestificados com o que viram, sem saber para onde deter o olhar, em que mais admirar, terminando por espiar a um tempo tudo e nada. Fui de encontro a Bob e irmanando minha mão na segunda alça de sua mala, despercebido de que Flavinho era quem carregava a maior bagagem, travamos um diálogo cruzado, mal ouvido de parte a parte devido ao entusiasmo que lhes incutia a visão ostentosa de tudo, entusiasmo que me contaminava. De fato, eu havia tratado de cada detalhe, tudo recendia ao novo, havia mandado ligar luzes, onde houvessem, as quais mandei instalar em todos cantos, de modo a deixar a iluminação apontar meu trabalho ourivisseiro e ofuscar o céu estreladíssimo.

Ríamos alto, contentes da vida, Flavinho lá atrás, Bob atento em mim, entramos, melhor, adentramos na portentosa e altaneira sede da ilha. Lembrei-me tarde de gritar ao caseiro Jônata para ajudar Flavinho, pois este último havia arrastado as malas até o piso do *hall*, quando o caseiro chegou. A casa era fresca e espaçosa, assaz agradável, não todavia de inteiro meu gosto no tocante ao estilo. Os três andares que a compunham faziam lembrar caixas empilhadas pela conformação quadrada que sua arquitetura assumia, em cujo frontispício não se via senão vidro com finas armações de ferro delineando o caixilho das imensas janelas. Absolutamente devassada, valia pela sala e os quartos nos pisos superiores dirigidos ao poente e ao alto-mar. O resto era de uma concretude armada e árida que se queria moderna e raivosamente rompida com a tradição estética. Bob gostou.

Eles se acomodaram em seus aposentos há muito preparados, arrumaram seus utensílios de primeira chegada e já desceram animados em conhecer todas as dependências da casa. Enfim, estagiados na sala, Bob falava mais que o costume, no rosto e nos gestos eu lendo a animação por tudo, pela invejável propriedade que atingira o coração de seu gosto. Flavinho demorava em frente à janela por onde entrava uma brisa tépida e a sua quietude chamou-me a aten-

ção, pois não havia nada para se ver além do perfume da noite. Notei-lhe o ar interrogativo e reparei sua fixação num ponto perdido no mar, mesclado com o escuro. Tive medo de lhe perguntar o que era, e quando ele olhou para mim de um jeito estranho, sem suportar o brilho daquele olhar meio esquivo, meio súplice, desviei o meu.
— Pai, a gente está seguro aqui, não está?

Eu não respondi, tive medo do que pudesse me revelar em seguida, saí fugido, indo me acomodar junto de Bob e confirmando aflito que meu filho mais jovem também sentia o mesmo que eu. Ele teve o infortúnio de herdar de mim a percepção extrasensorial e fora vítima de manifestações incontáveis ao longo da vida, desde a infância, pois nem ainda esse tenro período os malditos fenômenos perdoam.

Depois de haverem tomado banho, disse-lhes para irmos jantar na praia, onde nos esperavam os peixes e frutos do mar pescados ao dia por meu cozinheiro e um experiente caiçara. Saímos assim, tirando os sapatos na altura de pequeno curso de areia que separava o gramado frontal da casa de um quiosque de tapera, construído para servir de paragem para alimentação.

Topamos com Walquíria e o... bem, o esposo, o caseiro Jônata — nunca sabemos o estado civil dessa gente. Vinham ladeados de Gabriela, já agora cinco anos mais velha, ainda que pouco crescida em tamanho. Walquíria me havia abordado no corredor da Câmara há um mês e me desabafara o desejo de sair do emprego oferecido por Butran, o qual reputara mortiço e com poucos horizontes e a levava à estagnação profissional, o que me fez trazê-la, ela e a filha, para esse local, convencido de suas razões. Acrescia, além da estima que eu sempre lhe tivera, que a ilha recém adquirida precisava de novos empregados. Não me importunei em reparar mais tarde que, de caso pensado, ela intencionava angariar um emprego para o namorado, quando saiu com a observação de que um casal saberia cuidar melhor da propriedade. Não fazia mal, ela sempre se mostrou funcionária expedita e interessada no trabalho e não me arrependi em contratar seu mancebo. Bob olhou-me como a inquirir quem eram, e eu lhe esclareci que se tratavam dos caseiros da ilha, os quais conhecia há tempo e eram de confiança. Ele dignou-se-lhes apenas um olhar rápido de básica educação e virou-se em direção ao feixe ardido de gravetos arranjado em meio à praia para nos aquecer. Reparei no olhar guloso da menina Gabriela em cima de Bob, que a essa

altura franqueava-lhes as costas alargadas por seu acocorar displicente diante do fogo, e senti certo ciúme por não ter a idade e a beleza do homem que era meu filho.
— Que pedaço! — exclamou ela.
— Gabi! — repreendeu Walquíria de imediato, enquanto seus cílios rebaixados escondiam a vergonha.
— Deixe-a, deixe-a. — disse, tranqüilizando a mãe e me sentindo fraquejar diante da mocidade e da sensualidade exsudante da garota, logo notando pela expressão altiva que ela me devolvia que percebera, ou ao menos intuíra, o meu sentimento.
Os olhos que ela me depôs ficaram gravados em minha memória tempos depois de eu os ter deixado. Havia alguma coisa neles, parecia-me de desabrida e insolente cumplicidade, e eu me lembrei que sentia a mesma sensação de familiaridade com a atrevida rapariga, qual a de cinco anos atrás, agora cinco anos mais forte.

Famintos, dirigimo-nos para o quiosque, onde foi servido um suculento linguado em molho de alcaparras, que meu cozinheiro sabia preparar como ninguém, ao lado de saladas afrancesadas que não sei repetir o nome e fartamo-nos bastamente. Como ía tarde a noite e tardávamos na conversa, pedi para os empregados írem dormir, pois precisaria deles no dia seguinte, já que fazia planos de sair cedo para fazer um cruzeiro pelas inúmeras ilhas vizinhas, fechando com esmerado almoço em algum restaurante de praia da paradisíaca Ilhabela. Achegamo-nos à fogueira na praia para nos aquecer do vento marinho que chegava de costume àquela altura da noite. Destarte que ficamos os três sozinhos no decurso de horas, embalados nas idéias de quais benfeitorias poderíamos fazer no local, assunto ameno como a vida ilhéu e fresco como a brisa marinha, que a ninguém poderia ensejar discussão, não estivera eu na conversa... Não gostei de que determinadas idéias minhas fossem refutadas por meus filhos e passei a questionar as melhorias por eles sugeridas, ao tempo em que priorizava outras que, na verdade, iriam descaracterizar a casa, pois, em realidade, eu nunca fora alguém de gosto apurado, como os dois, mas não queria assumir a superioridade deles nessas questões estéticas e estacava em minha posição inicial.

— Não acho assim tão má idéia colocar um toldo na frente da casa.

— O fogo apagou. — observou Flavinho, procurando desviar o assunto.

Tentei assoprar algumas pontas de toras ainda incandescentes no fulcro da armação carbonizada, mas em vão. Disse-lhes que precisaria de álcool para reacender o fogo, e ambos, num silêncio entreolhado, mantiveram-se estáticos na cadeira numa competição de impassividade e resistência ao meu olhar espectante. Flavinho perdeu, como lhe era usual e foi pois era sempre o primeiro a não resistir ao meu pedido, por sabê-lo impositivo, inda que indireto, encaminhando-se até a casa para apanhar o inflamável. Voltou em momentos, entregou-me o recipiente e com ele borrifei a lenha, convergindo o jato num ponto para assim concentrar o calor. Mas ao secar o álcool as madeiras compactas resistiam à combustão, e o fogo não se alastrava.

— Eu não sei por que ficaria mal um toldo. — repliquei não me dando por vencido — Toldos combinam com piscina.

— Não combina com o estilo da casa, pai. — refutou Bob com voz cansada.

— É, fica horrível. — disse Flavinho, enquanto em sua voz vibrava a irritação causada pelo obséquio a mim prestado e mal digerido.

— Não combina, não combina...! — respondi já alterado, quase gaguejando — Agora vocês dois são decoradores, estilistas ou arquitetos para saberem se combina ou não?

Flavinho observou mais moderado — e pegando algumas folhas secas para ajudar a acender o fogo — que não era de bom gosto, "Bom gosto" repeti irritado e já retruquei emendando que iria fazer sim, iria fazer com certeza, era o melhor, era o mais prático, e a casa não tinha esse bom gosto todo no desenho arquitetônico para nos preocuparmos com isso.

— Bom, pai, faça o que quiser. No final, vai ficar como você quer mesmo. — resmungou Bob, voltando o corpo para o mar como a encerrar a discussão.

Fiquei num calado ressentido, e o silêncio se fez pesar ao longo de interminável instante, enquanto eu deitava álcool nas madeiras que teimavam em não arder.

De repente, ouviu-se soar a campainha de um telefone. Tocava de modo quase inaudível e, apurando o ouvido, foi-nos possível identificar a direção de onde vinha, do iate! Claro, disse-lhes eu, havia me esquecido do aparelho no iate, quando estava excursionando pelas ilhas dos arredores no fim de tarde. Como me atinha ao fogo, no qual despejava o inflamável de jeito a quebrar a resistência da madeira maciça, e esperava uma chamada muito importante de São Paulo, pedi-lhes ansioso para buscarem o telefone no barco, estacionado junto ao píer, perto poucas dezenas de metros de nós. Outra vez os dois aquietaram-se, constrangendo um ao outro à iniciativa de atender ao meu pedido. "Vai o Bob!". "Vai o Flavinho". Se diziam, e era como se a cadeira de praia em que se viam acomodados produzisse um efeito magnético sobre seus corpos manemolentes. Eu me voltei para Flavinho e lhe disse com irritação timbrada na voz que deixasse de coisa e fosse buscar o celular.

— Mas... mas por que eu?! Por que não vai o Bob? Eu já fui buscar o álcool!

— Tá, tá bom, não precisa mais! — gritei indignado — Bob, meu filho, deixe este porcaria aí, pega lá para o seu pai!

— Vá, lá, Flavinho! — respondeu Bob sem se mover do lugar.

Ferveu-me o sangue. Como?! — pensei inconformado. Então eu lhes faço tudo, dou-lhes a oportunidade de gozarem de um lugar cinematográfico como esta, realizo-lhes todas as vontades, e não podem pegar uma droga de telefone?! Fiquei furioso, fora de mim, agora intransexigindo, impondo-lhes minha vontade.

— Quer dizer que nenhum dos dois vai?!

— Pai, Flavinho pod...

— Ah, para que tive de ter filhos, meu Deus? Filhos não servem para nada, são uma desgraça na vida da gente!

— E por que você não pode ir? — perguntou Bob se levantando alterado e se prontificando em realizar meu pedido, contudo.

— Eu faço tudo para vocês, eu compro este paraíso, sustento suas mulheres, suas famílias, tudo o que têm devem a mim, e não podem andar uma droga de metros em troca de todos os favores que eu lhes faço?

— Você mercadeja favores! — respondeu Bob furioso, enquanto apontava o dedo para o irmão e arrematava — Vou quebrar este galho para você, maninho!

— Não é para mim, é para o papai!

— Ele pediu para você ir! — respondeu Bob, e foi.

Foi e sua atitude fez com que Flavinho também se levantasse e o seguisse.

— De favor seu, eu não preciso! — disse o último — Eu vou.

Ofegante e trêmulo, acompanhei com o olhar os dois cumprirem o breve percurso até o barco, a discutir sem trégua, onde chegaram em vão, pois o celular havia emudecido. Subiram assim mesmo, ambos, fitos no objetivo de ao menos me trazerem o telefone, quando súbito descurvaram-se de procurar o aparelho e fizeram um silêncio incompreensível, como brusco, parecendo avistar alguma coisa no lado oposto do barco.

Eu, no entanto, ainda embestiado com a atitude de meus filhos, que me parecia de uma ingente falta de consideração — coisa mais desnaturada, que ingratidão filial? —, voltei a concentrar-me no fogo, apertando a bisnaga de álcool com todo o rancor que eu destilava. Eu não merecia aquilo, pensava, sempre aquilo, por que não eram capazes de reconhecer tudo o que eu lhes fizera, uma vida inteira de trabalho e dedicação para uma família que não demonstrava o menor reconhecimento?

"Você mercadeja favores". Como podem ser tão ingratos e presunçosos, acham que sabem tudo, que eu não sei nada, eu lhes dei muitas facilidades e os estraguei. Construo o que construí, acumulo todos os bens que acumulei, sou bem posto na vida, um homem de posição e prestígio como poucos, e eles pensam que sabem alguma coisa da vida. "Não é de bom gosto"... Eu lhes havia feito tudo, eu lhes pagava tudo, sustentava-os até a idade avançada em que se viam e em troca recebia aquele inconcebível pagamento! "Não é para mim, é para o papai".

De repente, ouvi ligarem os motores do iate e virei-me para eles surpreso. O quê...? Ergui-me, a intuição já me levantando a suspeita de que algo estava errado, a intuição que havia me perseguido ao longo de quase todo o dia. Não estava enganado, meus filhos divisaram na água o chiado de um bote a se aproximar por meio de remadas cautelosas e furtivas e que se encontrava a poucos metros da borda de uma prainha adjacente da nossa, estendida num istmo que ligava a ilha a um escolho. À constatação de que estávamos sendo invadidos, Bob ligou os motores do iate.

— O que vai fazer? — disse Flavinho, sem receber resposta do irmão que continuava a ligar as máquinas de um modo tenso e meio atrapalhado.

— Vamos cair fora daqui!

— O papai... vai deixar o papai?!

Bob ligou o motor ignorando o outro e apontou a embarcação para direção oposta de onde vinham os assaltantes. Flavinho fechou os punhos na roupa do mais velho e puxou-o para trás.

— Espere, desligue o motor, não podemos sair assim!
— Não seja idiota! — replicou Bob furioso, já o barco em franco movimento — Vamos ajudar em que sendo apanhados também?
— Não! — replicou Flavinho, enquanto lhe dava um empurrão que o faria saltar ao mar, não tivesse ele robusta compleição.

Bob quedou-se de joelhos, mãos firmes no timão para não cair à vigorosa intervenção de Flavinho, e a nave se desgovernou, quase tombou a bombordo e acabou por descrever de modo trôpego um trajeto em paralelo à costa, na rota contrária à tomada de início, por pouco não encalhando na praia do istmo. Quando aprumaram a nave, ouviram a colisão do casco em algo que foi sugado abaixo da carenagem do iate e constataram que haviam se projetado sobre o bote dos assaltantes. Com certo custo, Bob conseguiu parar o barco, e meus dois filhos permaneceram por instantes remontando sua abalada concentração, enquanto resistiam em acreditar em seus olhos diante do quadro que se lhes oferecia a superfície da água, na altura de onde o bote havia desaparecido e só sobrara à tona poucas ripas de madeira, além dos assaltantes que restavam a boiar. Um, de costas para cima e, portanto, o rosto submerso, claro ficando que não sobrevivera ao impacto, o outro, debatia-se desajeitado na água e mostrava intenção de nadar até os reduzidos escombros do bote, a algumas braçadas de distância. Bob não hesitou e retomou com ímpeto a rota por que passara o barco, a fim de arrojá-lo novamente contra o sujeito.

— Meu Deus, você vai...?! — exclamou Flavinho, não crendo na evidência.

O assaltante virou-se para o iate, de pronto sorridente em imaginar que lhe viessem em socorro, até dar com a real intenção de meu filho e o terror lhe arredondar os olhos, como a boca, perplexo em ver a afiada proa crescer em sua direção. Ele não se moveu e ouviu-se a batida oca do crânio no casco, acompanhada de um riso gutural de Bob. Aterrado, Flavinho jogou-se para a traseira da nave, de maneira a ver se o sujeito havia escapado, mas também ali ficava mais um corpo a flutuar nas escuras e densas águas marinhas. Tanto lhes prendeu a atenção a angustiosa cena, olhos fitos nos corpos a boiar, cujos rostos se viam desesperançosamente mergulhados na água, que meus filhos se esqueceram de olhar à frente e ver que o ancoradouro teimava em se quedar onde o puseram. E foi que ao volverem a atenção à proa fora tarde demais para segurar o barco.

Por felicidade, não vinham daí em velocidade muito alta, e a nave abalroou a pilastra da estrutura sem causar um impacto demasiado forte, mas o bastante para enterrar a proa meio metro na água e precipitar os dois na água.

Eu, exasperado, assistia-lhes, digo, não assistia a mais nada agora, pois não os enxergava, e tudo se tomava de quietude assim abrupta que me fez supô-la perene e meus filhos mortos. Estourando de felicidade, vi os dois brotarem da superfície, lá estavam, lá estavam os meus garotos a nadarem alguns metros para se livrarem da água e se arrastarem para fora da beira até ganharem a praia, onde se deixaram ver de corpo inteiro, cada qual pegando animosamente no colarinho do outro, trançando-se nas quatro pernas, meio desentendidos, meio a se ajudarem a escapar do afogamento. Dava a ver que trocavam algumas frases custosas, todavia, sobre que diziam, não pudera eu ouvir as palavras.

— Seu cretino, infeliz! Viu o que fez?! — rosnava Flavinho para o mais velho.

— Ora, cala essa boca! — retrucou Bob, depositando-se um ao outro na areia.

Como mal podia avistá-los direito da altura de onde eu vinha correndo, considerei erroneamente que, em razão do porte físico mais avantajado de Bob, tivesse ele salvo o irmão, a quem carregava. Ainda que os vendo com vida e sãos em seus movimentos, tomou-me certo histerismo, causado pelo desespero que eu houvera represado desde o momento em que o iate colidiu no ancoradouro e os dois foram lançados ao mar, e, passado o susto, ora eclodia todo meu sentimento. Corri para socorrê-los, falar-lhes ao menos, e tal foi o afobamento em lhes questionar se estavam bem, em apalpá-los, em examinar seus ferimentos que me senti envergonhado quando ambos, ainda mal refeitos do fôlego, me lançaram um olhar parado de surpresa, como a me estranhar a reação emotiva, incomum em meu temperamento.

— Obrigado, meu filho! Obrigado, obrigado! — disse eu abraçando Bob, enquanto via grande admiração alargar o rosto de Flavinho.

Ele a custo compreendeu que eu não havia tomado a coisa pelo fato, mas ao avesso. Notava com indisfarçada decepção que eu considerava Bob o herói da história por enfrentar com intrepidez e bater os assaltantes, salvando-nos a todos.

— Deixe-me, pai... — pediu-me Bob, rejeitando o meu abraço, o qual eu não desenlacei. Empurrou-me em seguida, repetindo sem ânimo o pedido, e eu obedeci, entendendo como modéstia sua não querer aceitar os meus cumprimentos. Súbito, ele foi perdendo os sentidos e caiu com as costas na areia, enquanto pressionava as mãos na cabeça na altura das têmporas, fazendo-me compreender que lhe doía, a ponto de parecer estourar.

Vi, tomado de pânico, o meu herói desfalecer sobre a areia já desacordado e lhe chamei seguidas vezes sem obter resposta. Joguei-me sobre seu peito, de modo a auscultar o batimento de seu coração e procurei levantá-lo do lugar.

— Não fique aí parado, palerma! — exclamei para Flavinho de forma a receber do mais novo ajuda para locomovermos o pesado e sólido corpo de Bob e levá-lo com vida ao hospital.

O médico balançou breve o rosto, dizendo que Bob havia sofrido um traumatismo craniano de sérias proporções e que somente o tempo iria dizer se sobreviveria ao coma. Permaneceria na Unidade de Terapia Intensiva enquanto não recobrasse os sentidos. Tivemos de nos resignar aos frios bancos da sala de espera, eu e Flavinho, abalados pelo infeliz sucedido. Eu nada mais podia fazer agora, tudo estava providenciado, meu helicóptero havia nos levado até o melhor hospital de São Paulo, meu filho havia chegado com vida, sobre ele se debruçava estimável corpo médico às minhas expensas, eu havia avisado minha esposa e... ah, não havia mais nada que se pudesse fazer!

Hora mais tarde, vimos Marisa e Maria do Carmo chegarem. Minha esposa cumprimentou-nos com a voz tão débil e com o sofrimento acerbo atrás do olhar, que mais nos doeu que a própria desventura de Bob. A dor parece multiplicar-se quando refletida no rosto de uma mãe. Marisa requisitou desesperada para ver o filho e, atendida, esparramou-se sobre Bob, de quem não podia receber a menor resposta, um corpo inerte sobre a cama do hospital. Ela parecia agarrá-lo, sacudi-lo, como se quisesse prender a vida dele em suas mãos, como a não permitir que se fosse desse mundo. Seu choro era verdadeiro e sentido e comoveu-nos todos quantos estávamos na sala. Acho que até os médicos.

— Oh, meu Deus! — exclamava, em choro copioso e babado sobre a roupa branca do filho — E se ele morrer, e se ele morrer?! Vou me sentir culpada pelo resto de minha vida!

— O que está dizendo, mãe? — objetou vivamente Flavinho — Ninguém pode evitar essas coisas!

— Eu não me perdoarei, eu não me perdoarei!

Flavinho a aconchegou nos braços, mas ela continuava presa ao filho mais velho, como se ninguém a pudesse tirar dali até que recebesse alta.

Torturava-se com um pensamento obsessivo, como eu soube mais tarde, um pensamento cruel contra si mesma, que repetia e repetia em voz baixa. "Ah, a consciência é carrasca!", pensava, enquanto em seus olhos não paravam de medrar grossos fios de lágrimas. "Eu não terei mais paz em minha vida, eu não terei mais, nunca mais!" E agarrava-se a Bob, fechando as mãos sobre sua camisa e amarfanhando-a mais, em sua aflitiva reação diante do acidente que julgáramos já possuir em si toda a dolência que supúnhamos agüentar.

Agora, quando me ocorrem essas memórias desembaladas, em meio a toda essa gente estranha no saguão do aeroporto, sinto-me consumir pelo remorso diante da lembrança dessa cena, de Marisa, dobrada sobre meu filho inconsciente. Dói-me a consciência em reparar em como pude tê-la censurado tantas vezes por considerá-la displicente na educação de nossos filhos, reprovando-a inclusive pelo que eu reputava como atrofia de seus instintos maternais.

O médico pediu-nos que a retirássemos do quarto, o que atendemos a contragosto, quanto mais Marisa, a quem precisamos quase forçar para desprendê-la dos braços inânimes do filho. Flavinho a retirou do quarto, enquanto eu apanhava os pertences que haviam caído da pequena bolsa de Marisa, feita em couro de vitela envernizado, caríssima, mas que, no entanto, estava com a fivela solta há semanas, por trocar. Por horas consecutivas, suportamos a angustiosa espera de notícias dos médicos, e a cada abrir de porta da sala da Unidade e Terapia Intensiva extraía-nos a todos sofrida expectativa. Exaustos, fomos para casa instados pelo médico particular da família, quando já se haviam decorridos mais de dez horas de espera. Nunca soube se me foi mais penosa a situação de meu filho ou o sofrimento de minha esposa, inconsolável, com o lenço de papel a limpar os olhos a todo tempo, olhos e resto do rosto.

No dia seguinte, ainda não se havia alterado o quadro médico de Bob. Fiquei muito preocupado com Marisa, que deixava ver nas roupas em completo desalinho o estado apático, desafeito a qualquer estímulo, como se não quisesse mais viver, fazendo-me recear por sua sanidade mental, fazendo-me temer por sua morte e tremer — confesso envergonhado — pela inevitável solidão a que eu seria lançado ulteriormente. Passei pelo quarto de Flavinho e o surpreendi ajoelhado no chão, com os cotovelos na cama e as mãos entrelaçadas. Rezava. Ia para meu quarto, dei meia-volta, procurei um lugar onde me soubesse esquecido de todos da casa, dos empregados em geral e resolvido a me furtar de assistir às dolorosas cenas de minha mulher e filho, por alguns momentos ao menos. Sem muita consciência do caminho por que ia, acabei entrando na ala esquerda da residência, onde havia uma sala morta, daqueles ambientes que toda casa grande tem, local periférico, separado dos ambientes de importância. Deixei-me cair no sofá, onde o vitrô me servia a visão devassadora da rua, prostei-me a avistar carros e pessoas passarem, ou um avião cruzar os céus com irritante serenidade, e pensei no quanto valia a paz dessa gente que passava. Invejei brutalmente os seus afazeres prosaicos, as suas expectativas modestas para aquele dia, enquanto eu esperava a informação mais importante dos meus dias, uma resposta vital sobre meu filho. E sobreveio-me o pensamento, cruel, sobre as discórdias e desavenças que entretemos com nossos entes queridos. Com o coração opresso, perguntei-me o que valiam tantas brigas, rancores, críticas mútuas, tantas desconsiderações, discussões desnecessárias que nunca levaram a nada. E recordei-me de minhas amaldiçoadas palavras ditas pouco antes do acidente "os filhos são uma desgraça na vida da gente!" E cobri meu rosto com a mão me inquirindo sobre como pude dizer esse absurdo desaforado a ele, quando de um momento para outro ele poderia... ir. Como eu gostaria de poder ouvir meu filho me falar agora, mesmo que fosse para me jogar na cara a mais pesada malcriação.

Observei a certa altura que havia na sala uma espécie de oratório, comprado a peso por minha mulher e sobre o qual se diziam só lendas, de ter pertencido a padres de nome, de haver demandado em mãos jesuítas por infindas bandeiras em sei quantos sertões do Brasil. Senti irrefreável impulso de fazer uma oração, coisa que nem sabia se ainda sabia, olhei para trás e lados e, certificado de que ninguém me via, precipitei-me no soalho de madeira sem pena dos joelhos, impenitente, gentil.

Orei. Incerto de acertar na integridade o Pai-Nosso, conversei com Deus, implorei, derramando lágrimas em filamentos serpentinos pelas faces, sentindo alegria pela minha sinceridade. Pedi por meu filho, pela vida de meu filho, ainda mais comovido pela valentia demonstrada em me salvar e a seu irmão, investindo intrépido contra os bandidos, os quais não houveram de sobreviver ao dia, segundo me informara a polícia costeira. Salvador, Nossa Senhora, Deus, pedi a todos eles e quantos mais santos lembrei, cavados em minha mente, no espaço em que jaziam as reminiscências da infância, período único de minha vida em que eu podia encontrar alguma religiosidade pulsante. Ao fim, vi-me muito melhor, a dor se manifestando em mim de maneira outra, revestindo-se de nova e singular expressão, como se ela me abordasse por meio de uma sensibilidade diversa, dormente em mim até essa hora, algo muito difícil de explicar, coisa que deveriam sentir os grandes remidos, os santos, os homens de Deus, sensações estranhas e díspares que há um tempo parecem unir dor e redenção, infortúnio e descortinamento, agonia e paz. Fato foi que me senti aliviado, fosse como fosse definido o sentimento, inda que não encontrasse palavras jamais por expressá-lo. Vivamente impressionado com o poder da prece, dessa hora em diante jurei a mim mesmo nunca mais passar um dia de minha vida sem me dedicar à experiência da oração.

Recebemos mais tarde a notícia de que Bob havia recobrado os sentidos, seu físico atlético havia contribuído para a recuperação, já se encontrava desperto e deixava-nos todos ansiosos em vê-lo, em falar-lhe. Marisa quase beijou o médico diante dessa notícia e rompeu o corredor que encaminhava ao quarto com inacreditável felicidade. Seguimos minha mulher e vimos meu garoto acordado, seus olhos se viraram para nossa entrada...ah, ali estava meu filho, havia sobrevivido à sua façanha, levado a melhor em cima dos bandidos, e eu me orgulhava de tê-lo posto no mundo. Marisa abraçou-o várias vezes, apesar das contínuas reclamações dele sobre a pressão em seu corpo, que o fazia sentir as escoriações e ferimentos causados pelo acidente, os quais não eram assim dolorosos, eram-lhe antes subterfúgios para afastá-la de si. Nunca entendi por que ele sempre a repudiara, nem entendo agora, quando repasso essas cenas, porém compreendi mais tarde. Falamos muito e recontamos inúmeras vezes o ocorrido, a façanha, numa alegria empolgante, alastrada, como poucas vezes sentimos, nós, essa família.

— Matei os vagabundos? — indagou Bob em meio a gargalhadas fortes e arranhadas, satisfeitas de si, mas não alegres — Mereceram, ah! Estes não incomodam mais.

Um silêncio constrangedor comunicou-se entre mim, Marisa e Flavinho, surpreendíamos em sua reação certa frieza, certo... prazer. Correu-nos um frêmito aversivo no corpo, porém ríamos assim mesmo, tão ébrios encontrávamo-nos com seu restabelecimento, e logo deixávamos para trá s a aflição por suas gargalhas e o timbre de insanidade nelas repercutidas. Passamos ao largo, tanto nosso ânimo de vê-lo escapar inteiro, são, contagiando-nos uns com a felicidade dos outros.

Findo o período de observação prescrito pelos médicos, fomos todos para casa, e Marisa estabeleceu que Bob devesse ficar conosco por alguns dias, para se certificar de seu pleno restabelecimento e então sorvermos a felicidade do fim venturoso por mais algum tempo. Maria do Carmo e meu neto Toninho vieram nos fazer companhia por insistência minha, causando-me satisfação a presença de todos, meus entes, porque me sentia só na mansão em que morávamos e porque desejava secretamente reaproximar o casal que vivia momentos de crise.

A mansão que eu houvera adquirido há pouco mais de um ano, era casa para tudo isso. Vários quartos, várias salas, uma bela mansão no bairro do Morumbi, e não fugia do padrão das residências locais, verdadeiras fortalezas, fortificadas muitas delas por altos muros de pedras. Uma casa demasiado grande para tão apenas um casal já chegado à última fase de suas vidas, à última maturidade, embora eu tivesse inúmeros empregados a dar mais calor humano à fria residência situada naquela que seria uma das mais frias regiões paulistanas. Era em verdade a casa que menos apreciei em morar nos meus anos. O bairro, posto que um dos mais bonitos e portentosos da cidade, causava-me certa inquietude em razão de eu não ver seus moradores. Sempre me dava a impressão de ser um bairro inabitado, como se ali houvesse apenas residências vazias, como se os seus proprietários estivessem sempre fora, como se casas de veraneio. Às vezes, punha-me na janela de meu quarto e observava, quando os muros franqueavam, portas, frestas, janelões dos casarões vizinhos e raramente via algum de seus fantasmagóricos moradores. Mais via os empregados, esses sim sempre presentes, quais fossem eles os próprios donos. Porém, acabei por me acostumar com isso — a tudo nos acostumamos! —, e o espaço despovoado do bairro passou-me despercebido e, até, vantajoso em certa medida. Afugentava toda aquele mundaréu de pessoas que, conhecendo minha posição, não se acanhava em vir me perturbar e a bater em minha porta para seu petitório interminável. Agora, não. As casas altivas, os altos portões, os guardas, os muros de pedras, pedras pontiagudas quais bastiões, o silêncio cerimonioso do bairro, tudo intimidava qualquer incauto que almejasse vir importunar-me. A origem do bairro do Morumbi remete ao século XVIII, com a formação da então fazenda Morumbi, cujo nome é uma corruptela da palavra compósita tupi-guarani "Marã-bi", que significa: luta oculta. Dessa forma, vivemos o sonho da felicidade familiar por algum tempo, nessa estada de meu filho, esposa e filho na mansão até se findarem alguns dias e minha nora resolver que precisava levar a sua vida, como era natural. Estranhei o fato de Bob não ir com ela e o filho, decidido em passar mais alguma temporada ao lado meu e da mãe, mas não me preocupei com isso, um tanto lisonjeado pela preferência que ele dava à nossa companhia. Porém, tal lisonja não perdurou o tempo que eu estimava, e logo percebi por meio da presença de Bob a sua ausência, quer dizer, ele em realidade, nos evitava, a mim e a mãe, dentro de nossas casas, preferindo privar da companhia dos amigos em quase todas as ocasiões, até mesmo nos horários de refeição. Se em algum momento éra nos ele alguma atenção, só o fazia de seu jeito disperso e monologado, quanto mais nas circunstâncias em que eu me dispunha a falar de política ou relatar uma ou outra experiência do passado, que todos conheciam de cor, ao lado de minha mulher que vinha restar ao meu lado com o seu balançar acorde de cabeça. Por algum tempo, relevei tudo por conta do ônus da paternidade e não liguei muita atenção para a sua indiferença, contudo, aos poucos, o distanciamento dele e de seu irmão, o qual nunca nos vinha visitar, começou a me pregar cismas nas idéias. Eu, lá eu de novo, voltei a sentir os antigos rancores com respeito aos meninos, dos quais me achava curado desde quando eles se haviam casado e comecei por meu turno a lhes tratar com a mesma indiferença. Erro, agora vejo. Antes de dar a Bob tempo para se sentir atraído pelas forças irresistíveis do amor, eu também passei a pagar com descaso às suas instâncias filiais, seus desejos, suas expectativas, suas carências, que aqui estavam representadas não por outra coisa senão pela própria apatia que ele nos enviava.

    Certa ocasião, surpreendi-o e à minha nora a discutir na cozinha de casa. Ela o acusando de não querer se esforçar para alcançar seus objetivos ou ao menos de tentar superar-se em suas dificuldades e limites e, em particular, à resistência de se enquadrar em toda espécie de atividade profissional. Que referencial de profissão terá o nosso filho? O filho que você me deu não terá escolha... O filho que eu lhe dei, não acha que seu gene tem parte nisso? Talvez... Talvez?! É, talvez você deva tentar com outra. Bob lhe era indiferente e ela irritava-se, dizendo-lhe que se mostrava um homem desfibrado e sem objetivos. Entristeci-me, mas o diálogo, ou o solilóquio, serviu para que eu constatasse o que já suspeitava, quero dizer, atrás das escusas dadas à esposa de que ainda estava em estado de convalescença, Bob permanecia em casa porque era cômodo morar com os pais, deixando de lado as responsabilidades naturais contraídas pelo matrimônio.

— Não nasci para me casar. — respondeu ele depois, com uma naturalidade que enterrava qualquer esperança de recomeço.

Falou de forma quase impassível, quase desleixada, e Maria do Carmo compreendeu ali que a separação era inevitável. Cumpriu-se o silêncio duro, silêncio que firma circunstâncias definitivas em que os seres não podem mais deixar de ver uma constatação postergada em muito.

— Quando celebrávamos nosso casamento — disse ela suspirando e apanhando a bolsa — minha cabeleireira disse que o penteado não seria problema. Eu eu pensei que se referisse ao vestido...

De toda forma, Maria do Carmo parecia conformada. Foi embora, desistindo do objetivo que a trazia ali, desistindo de buscar o marido, por mais uma tentativa. Bob pediu-lhe para deixar o menino com ele, ao que ela acedeu; magnanimamente, diga-se. Se fosse outra, iria por certo ter o procedimento usual entre as partes em crise de casamento e passaria a se utilizar do filho como joguete das disputas esponsais, como eu havia testemunhado várias vezes nos meus tempos de advogado "de Família". Não Maria do Carmo. Não ela. Foi-se, mas sabia que o filho não ía, ou seja, não ía em espírito como ela, pois teria a necessidade do pai para toda a vida — e quanto seria esse "toda a vida"? Encaminhou-se para a porta e disse que estava tudo bem, Bob podia ficar com o Toninho por alguns dias. Mas frisou bem o "alguns dias" de maneira a marcar o aspecto temporário da estada.

Notei que, à saída dela, Bob ainda conseguiu manter a postura do homem impávido e indiferente de sempre, porém, quando Maria do Carmo transpôs a porta e a fechou do lado de fora com uma tranqüilidade inumana, pude ouvir o estrépito no coração dele. Ele a amava, ficava bem claro isso, mas não amava as contingências de um casamento. Desgostoso, deixei o problema dele para trás, encaminhando-me para o quarto e, no momento em que me encontrava ao pé da cama para me deitar, se me já haviam ido do pensamento os pesares de meu filho, e me caíam à lembrança toda a rotina pela qual eu me debateria no dia seguinte, quando deveria subir à tribuna e fazer ácido discurso destinado à oposição, a qual pretendia instaurar uma Comissão Parlamentar de Inquérito contra um de minha bancada envolvido em escândalo por crime de peculato. Peculato... Nem escândalo era mais, na verdade, pela incidência monótona de sua ocorrência no Poder Público, em que tantos outros companheiros foram acusados pelo mesmo motivo, e é bom que essas memórias não descaiam-na da descrição do fato, para que essa narrativa não venha a pecar por falta de caracterização. No instante em que me inclinava sobre a cama, lembrei-me de tomar o remédio para vesícula preguiçosa, mal que me aflige há alguns anos, e dirigi-me à cozinha.

Havia pelo caminho uma parede vazada, por onde avistei meu filho, numa das salas frontais da casa. Ele estava derramado na poltrona e no momento fazia companhia para Toninho, que, de intervalo a outro, vinha pedir ao pai alguma sobra de atenção, já que Bob parecia bastante distante dali, olhos voltados para não sei que problema, a alma sugerindo atormentada em razão do naufrágio de seu casamento. Ele não ignorava o filho de modo algum, mostrava antes em favor do pequeno uma prontidão raramente vista nele, pois solicitude era em definitivo uma marca demasiado ausente em seu caráter. Apenas não criava iniciativa para entreter o menino, esperava sempre a aproximação dele, atendendo com paciência a todos os esquisitos e canhestros pedidos de brincadeira propostas pela deformada criança.

Eu via que Bob se torturava com o fato de não ter conseguido levar adiante o seu casamento. Muito pelo circunstância de perder a mulher e mais porque somava outra derrota à longa fileira de resultados negativos de sua vida. Ele, porém, não mostrava qualquer disposição de reagir contra o insucedido, como quanto a qualquer outra ocorrência não fruitiva de seu passado, preferindo deixar de novo e levianamente o problema de lado. Eu deveria sair de onde estava para repreendê-lo e, no entanto, não o fiz outra vez, ausentei-me de chamá-lo à atitude, às obrigações, e fiquei parado, atrás da parede vazada, meneando a cabeça reprovativa diante da completa deserção que ele demonstrava com relação às adversidades da vida. Agora, porém, vejo, oh, insensibilidade, as agruras porque vivia meu pobre Bob, as dificuldades interiores pelas quais se debatia e se via sempre assombrado, porque eu o havia deixado à sua sorte, nesse, como em outros momentos de sua existência. Mas à época eu não podia entender, envolvido que estava com meus problemas, com a clareza que vejo agora, os móveis íntimos passados nas almas das pessoas com quem eu estabelecera convívio. Centrado demasiado em mim eu não notava os sentimentos alheios e agora se me estampava a verdade toda, simples: Bob era alguém sem iniciativa, era alguém desfibrado pela maneira que eu de ordinário o criara, e o tratara desde sempre, ele quanto os outros à minha volta. Dava-lhe de tudo, "do bom e do melhor", como gostava de repetir com a boca cheia, mas que não eram mais que coisas, coisas só, objetos, compras, mimos todos, os quais me faziam sentir desobrigado de lhe dar o que ele por sua vez dava, sem ter recebido, para seu filho anormal no instante em que eu o via, vazado em atenção: carinho e amor. Vertiginosa consciência essa, desse momento, dolorida e pois verdadeira. Ali estava ele deitado, com toda certeza se afligindo, como de resto devia ser comum em sua vida, a eterna luta de encontrar forças para realizar algo, qualquer coisa. Encontrar ânimo a fim de não parar incontáveis coisas que havia começado e deixado no meio do caminho, comportamento peculiaríssimo seu. Como deve ser duro um homem ver a si um tíbio de vontade, um indivíduo sem alguma realização na vida, porque não teve um pai que lhe tivesse exigido a cumprir compromissos e lhe fizesse compreender que a vida é cheia de direitos, contudo, o mesmo tanto de deveres, nos quais deveria ser acostumado desde a infância mais verde. Agora era tarde, eu compreendia em mora porque a postura de meu dileto filho era sempre a de se estatelar nos assentos da vida, era sempre aquela postura apática diante do mundo. Outra coisa não era de se esperar se eu lhe drenei as forças desde cedo, não lhe ensinei a ser um homem, a superar sozinho os problemas de sua vida, sempre acobertei todos os seus erros, sempre o esquivei das conseqüências doídas, mas exemplares, dos problemas criados por ele mesmo. Não sei se ele tinha consciência de minha falta, contudo compreendo nessa hora que existe uma linguagem que se trava no mundo das emoções, a qual é infalível e responde sempre na dimensão certa aos estímulos sofridos pelos indivíduos, bons ou maus sempre responde. Ele sempre me falou por essa linguagem subjacente, sempre me falou inconscientemente de minha ausência por todos os problemas em que se meteu, recebendo notas desastrosas na escola, destruindo um carro na estrada, voltando alcoolizado para casa, como a chamar, como a pedir, quase a gritar, a mim e à sua mãe, para repreendê-lo, para castigá-lo, para atentar para sua existência. Contudo, é difícil castigar. É difícil. É difícil castigar um filho quando sentimos culpa, quando sentimos que estamos devendo, devendo e muito para este filho. Sentimos que não lhe demos a porção de atenção que ele precisava, a porção de amor. Também somos regidos por esta estranha linguagem dos sentimentos que nos trava em nível subconsciente e não nos autoriza a cobrar sem antes termos feito a nossa parte. Continuei parado atrás da parede e eu não o repreendi como devia. Deus me perdoe!

Bob brincava com o menino, estatelado no sofá, mas não estava ali. Enevoavam-lhe à cabeça memórias que ele gostaria muito de evitar. Planos que havia projetado com entusiasmo inicial ao longo da vida, mas, obstante, escoados com o advento das primeiras dificuldades e acumuladas em seu longo rol de insucessos. Ele procurava afastar da mente tais incômodas memórias, mas nem aí se via bem-sucedido. Havia-se operado, contudo, alguma coisa com o menino, que talvez Bob não se apercebesse, eu sim. Revelava agora um comportamento mais silencioso, concentrado, distante de seus modos atabalhoados peculiares, deixando a impressão de que havia se esquecido do pai. Aparentava, contudo, que também não levava a atenção para o brinquedo que possuía na mão. Via-se envolvido em algum pensamento, alguma percepção qualquer que eu jamais poderia imaginar qual fosse e, embora olhasse sim para o brinquedo, seu olhar trespassava o objeto, ele pensava de esguelha. Muito de súbito, largou o brinquedo e lançou o olhar para o pai, estabelecendo entre eles um silêncio espesso, mas cumpliciado, em que o garoto deixava transparecer que pressentia a funda tristeza do homem fracassado à sua frente. Bob ficou impressionado com aquela expressão tão atípica no pequeno, uma personalidade mentalmente comprometida e abstraída no mais. Porém, ali, demonstrava uma sensibilidade singular e era como se tomasse de um surto de superconsciência, onisciência sobre o drama que infestava a alma de seu pai. Toninho correu para os braços de Bob, onde permaneceu por bons instantes.

— O que você tem, filho? — perguntou Bob surpreso — O que houve? O menino deixou-se ficar imóvel nos braços seguros do pai e somente ao cabo de um minuto desprendeu-se o tanto para olhá-lo no rosto.
— Importante ão desisti, pai, ão desisti! — disse, extraindo profunda admiração de Bob, que soube se conter e não deixou desandar os sentimentos e transparecer sua dor à criança.

Tivera eu aproveitado todos os sinais que a vida nos deixa... Alguns meses se desenrolaram, e as preocupações me desviaram dos problemas domésticos, para me concentrar nas enormes demandas políticas a que nós da Câmara nos víamo lançados naquele que seria um ano de eleição. Como não fora difícil prever, Bob permaneceu em casa ao longo de todo esse tempo, selando com isto qualquer possibilidade de um reatamento com Maria do Carmo. Percebi que, da parte dela, ainda houve sazonais tentativas de procurá-lo para uma "última conversa", mas meu filho se deixou cair num desânimo e acabou provocando a definitiva separação, ainda que eu sentisse que eles, mais ela que ele, mas enfim eles, se gostassem. Fato que nunca se embutiu direito em minha compreensão, pois, se eles se gostavam, ao menos um pouco, então...? Maria do Carmo se viu impelida a se separar e assim enviou ao marido um advogado para ultimar os termos do divórcio, o que provocou súbito e preocupante desespero em meu filho, que, ressuscitado em seu ânimo e contra todas as expectativas da família, decidiu tentar uma reaproximação, negada peremptoriamente, contudo, pela mulher. Agora resoluto em refazer seu casamento, Bob mostrou uma garra descomunal, somente suplantada pela de minha nora de manter o pedido de divórcio, pois ela estava desgastada, magoada, sabia que a mudança de ânimo do marido se devia mais ao infantil sentimento de perda de um homem mimado, pouco acostumado a ser contrariado, e o desenrolar dos acontecimentos foi a inevitável desunião, que desdobrou numa separação inicialmente consensual e parou na litigiosa, como eu havia tantas vezes assistido em meus clientes de outrora. Maria do Carmo não hesitou em pedir ao meu filho uma soma vultosa de pensão e, diante da justiça, constrangeu Bob a fixar tal pecúlio que iria assegurar, sobretudo, a vida e as necessidades terapêuticas do pequeno Toninho, carente de constante acompanhamento médico. Por outra, ela havia sacrificado sua vida profissional para ficar perto do filho no transcurso dos oitos anos de idade do pequeno, o qual seria consumido inevitavelmente pela doença, e ela queria aproveitar, gozar o reduzido tempo de vida fazendo-lhe companhia quanto pudesse. Sem contar que a opção assumida por ela estava não somente sob o consentimento como sob a decisão de Bob. Seria mais que justo que recebesse uma compensação financeira por seu ato de despojamento profissional. Compreendo bem isso, agora. Na época, deixei-me amesquinhar pelos números da ação judicial e vi-me arrastar pelas duras críticas feitas à minha nora por minha esposa, que, mãe, dependurava-se na balança em favor de seu filho e arrojava a reputação de Maria do Carmo para os cumes da degenerescência.

Chegou um dia em que minha nora veio retirar suas coisas deixadas em minha casa, desfazer alguns armários de roupas, no quarto que eu fazia questão de manter para ela e meu filho, porque costumavam ficar dias seguidos conosco, notadamente nos períodos em que Toninho exigia os ares arborizados do Morumbi para melhorar de sua bronquite crônica. Lembro-me de que eram temporadas agradáveis, em que ela, eu e minha esposa nos entretínhamos com o carteado, jogando "buraco" quase toda noite. Bob estava sempre ausente, mas nós continuávamos o jogo madrugada adentro, conversando atrás dos leques de cartas. Ríamos muito, não parecíamos adversários, mas um trio contra um quarto jogador inexistente, o resultado das partidas não tinha a menor importância, gostava de contar a pontuação apenas daquele que perdia para rirmos dele, nós ganhávamos sempre. Marisa tinha-a como uma filha e não se estabelecia entre elas a batalha cordial e velada tão comum entre as mulheres.

Maria do Carmo veio, então, trazendo a contrariedade no rosto, não havia saída, era preciso pegar os seus pertences ela mesma, por delicadeza nossa, o que desgraçadamente tomou ares de despedida, coisa que detesto mais que tudo. Quando as malas prontas, ela achegou-se lentamente à cozinha, mesmo sabendo que eu não havia ido até a sala para me despedir, como era de se esperar. Parou abaixo do batente e ficou me vendo arrumar o controle remoto do televisor com faca de cozinha, fixando o olhar em mim, de modo a me dar a chance de cumprimentá-la ao menos. Eu, porém, continuei em meu afazer, evitando me virar. "Seu Deni" disse, com sua voz meiga, obrigando-me a dirigir a atenção para onde ela estava.

Porém apenas virei, correspondi-lhe sem muita convicção o sorriso que me deixava e voltei a deitar concentrada atenção no controle remoto, desmedidamente, como se desmontasse o engenho de uma bomba. "O senhor está muito ocupado, né" disse-me no espaço de alguns segundos, enquanto eu, de soslaio, surpreendia um olhar terno, mas nada desapontado, como se ela estivesse preparada em receber minha frieza.

— Estou um pouco. — respondi-lhe sem me voltar.

Ela saiu de onde estava e, sem pressa, sentou-se numa banqueta que havia abaixo de uma mesa de parede, disposta atrás de mim. Uma pena que as coisas tenham de ser assim. Disse instantes depois, enquanto me vi movido pela fremente vontade de olhá-la de novo, como para confirmar se de fato vira a expressão forte e calma de seu rosto. Não havia tristeza nele nem qualquer tipo de dor, nem ainda qualquer ressentimento pela maneira distante com que eu a tratava. Havia apenas compreensão, o que me foi mais difícil de esquecer, ao menos no campo das emoções. Uma compreensão tranqüila e profunda. Faz-me compreender agora, o que só compreendi emocionalmente na época. O pesar que se me abateu com o afastamento definitivo de Maria do Carmo significava não só a perda de pessoa estimada, mas a perda de esperança que dormitava sempre dentro de mim e que era sufocada de forma sistemática pelo meu férreo ceticismo de que alguém pudesse gostar de um homem como eu. Ela parecia compreender esse aspecto de minha personalidade, como parecia entender o outro aspecto, a minha defensibilidade diante das pessoas e da vida, a torre que eu ao longo dos anos formei à volta de mim, fingindo-me ser uma murada de sólidas pedras, quando não mais que areia. Mas essas áridas paredes, plenas de bastiões inóspitos, não assustavam nem afastavam Maria do Carmo, ela me entendia, eu era apenas alguém que estava precisando de amor, amor verdadeiro que transpusesse muralhas, que as minasse, precisava de um sentimento irredutível que me superasse, nascido de alguém disposto a escalar o frontispício de meu peito enquanto me visse sempre a olhar do alto, a abeirar nos lábios um sorriso desdenhoso e cínico. Mas isso seria exigir muito, mesmo dela. Um amor que não era desse mundo.

O silêncio que se firmou daí pareceu infinito, mas julguei que depois dele ela se conformaria e iria embora. Enganei-me, não estimava até ali o quanto a moça gostava de mim. Era mais difícil para ela me deixar do que eu imaginava, eu fora a única pessoa da casa que Maria do Carmo esperava ouvir sincera despedida. "Bem, estou indo." Eu captava em seus olhos certa emoção que me confundia, a qual eu não estava acostumado, por ter recebido de muito poucas pessoas sentimento com mesma intensidade. Uma emoção que eu não acreditava existir no ser humano. Ou acreditava, mas considerava como fruto da representação, da atuação de cada um de nós quando precisamos compor um personagem para efeito do grande teatro da vida. "Adeus!".

— Volte para nos visitar. — respondi-lhe, ainda outra vez sem lhe dirigir o olhar.

De passagem, ela colocou a mão em meu ombro, deixando-me perturbado e fazendo-me sentir muito estranho, ansiosamente desejoso de que aquilo acabasse. Afagou-me o ombro, voltei-lhe um sorriso entre formal e terno que, agora percebo, saiu desesperado, e ela partiu, foi embora, fazendo-me sentir um terrível misto de alívio e um pesar como poucas vezes havia experimentado em minha vida. Subi para meu quarto após ter cruzado os olhos de minha mulher que mostrava se orgulhar de mim, pela secura com que havia tratado a moça. Subi as escadas com firmeza, orgulhoso também pela personalidade que eu mostrava para os meus. O "adeus" etéreo de Maria do Carmo foi subindo comigo, contudo, e pulsando em meu ouvido ao cimo da escada, à entrada do quarto, ao me sentar na cama e recostar pesado contra a sua cabeceira, sentindo inesperado e frustrante cansaço.

Abafei no íntimo a falta dela e acabei por me convencer de estar correto em proteger meu filho mais velho, a quem julgava dever toda a consideração, meu filho, saído de meu sangue, herdeiro de tudo o que eu construí, enquanto ela era apenas uma estranha, tinha outra origem e não era mais da família, pois deveria obrigações a outros entes que não os meus.

Por outro lado, era-me a mim e à Marisa muito satisfatório contarmos com a volta definitiva de Bob ao lar. Eu me sentia muito só, a verdade, pois a falta de circulação esfria o corpo de um homem mal chegado à velhice. Por coincidência, naqueles dias também Flavinho voltava para casa, após ter mais uma vez fracassado em seu negócio no litoral, além de ter-se separado, igualmente. O barzinho que instalou no litoral norte revelou-se um mal empreendimento, levou-me mais algumas dezenas de milhares de reais no empréstimo que ele comigo havia contraído — empréstimo contra juros que eu jamais reveria —, finalizando por frustrar o seu desejo de viver fora da grande cidade.

Procurei superar o rancor sentido com relação a eles, devido às raras ocasiões em que nos visitaram nos últimos anos, descontadas as vezes em que se viram forçados pelas circunstâncias ou interesse, e acabamos, como fazem os pais em geral, por nos felicitar pela volta da ninhada, apesar de compartilharmos com sua tristeza decorrente do fim dos casamentos. Voltavam a contragosto, era visível, mas isso não importa ao coração paterno, importava a proximidade deles, seja em que circunstância fosse. Por isso, eu e Marisa esforçamo-nos para acomodá-los o melhor possível e até mudamos de quarto para deixá-los mais à vontade na parte recuada da casa, o que lhes permitiria um espaço privativo para trazerem, pela entrada lateral da casa, os conhecidos e as namoradas. Bob era homem, com saúde, sabe como é, as garotas... sentia orgulho de ele enfeitiçar o sexo frágil, a exemplo do velho Denisário nos bons tempos. E Flavinho iria ficar satisfeito, por seu turno, em estar à vontade com os amigos e as curvas de seu violão.

Proporcionávamos lhes assim uma vida extraordinária, o que, vendo melhor, foi ao fim prejudicial. Supríamos, todavia, apenas as necessidades de ordem material e nos esquecíamos dos requisitos íntimos, das urgências sentimentais, afetivas, ponto que eu jamais soube dimensionar a relevância. Motivo por que considerava como feroz ingratidão da parte deles quando não eram reconhecidos de tudo o que eu lhes fazia, quando se mostravam distantes de mim e de sua mãe e descompromissados de seus deveres mínimos como filhos, e irritava-me se não atendessem aos nossos pedidos, como naquele mesmo instante em que Flavinho se espreguiçava na cadeira de sol, ao lado da piscina, em plena clareza do céu do meio-dia, quando, há mais de meia hora, Marisa o havia chamado para vir almoçar conosco. Ele ao menos, pois Bob não ousávamos perturbar.

Flavinho ficou lagarteando ao sol, pouco se dando pela chamada da mãe e, se já se mostrara sem ânimo para nos acompanhar no almoço, quanto mais ao receber a visita da ex-esposa Mariângela, que acabava de chegar do litoral, onde ainda continuava morando. Eu podia vê-los da sacada de meu quarto, ela havia sido introduzida pela criadagem a pedido de Flavinho e passaram a conversar junto à piscina, sem que o assunto subisse aos meus ouvidos. Entrei em casa irritado e dirigi-me à sala de jantar, onde Marisa me esperava. — Manda servir! Eu não espero mais ninguém! — disse irado. E, de fato, não os esperei mais depois desse dia.

Lá fora, Mariângela apoiou-se no poste de luz colocado na quina da piscina e rodopiou, rodopiando o olhar. — Poxa, quanto tempo eu não punha o pé aqui! — exclamou com expressão cintilante — Que casão! Pelo menos seu pai não pode ser acusado de pequeno burguês!

Sem responder à ponta de provocação, Flavinho deixava ver à distância que não ligava muito entusiasmo à visita da ex-mulher, sem contudo desprezá-la. Ele falava, falava o que bem queria, daquele jeito de falar seu, só sem se importar se era escutado ou em saber se a mulher desejava ouvir ou ser ouvida, do modo exato como fazia quando estavam casados, conversando a esmo, no mais das vezes coisas sem conteúdo algum e mesmo impróprias, como ali, a referir-se da pessoa de Zuca. Zuca? Sim, Zuca, a moça a quem a sua ex-esposa havia sobretodos odiado. Você vai ser sempre assim, não Flavinho? Observou Mariângela. Assim como? Assim, falando pelos cotovelos. Mas ele nem se incomodou com a censura e continuou a falar, falava, contava sem qualquer fim que se encontrara com Zuca, de quem havia recebido um convite para saírem, seguida de inesperada proposta de ficarem juntos, e ele não aceitou, recusou inesperadamente, pois de repente havia percebido, Zuca já não lhe significava o mesmo de antes, não era mais a mulher de sua vida como havia sempre imaginado. Mariângela observou que estava admirada, pois Zuca fora a responsável pelo fim de seu casamento. Que posso fazer? Quem manda no coração? Respondeu meu filho. A ex-esposa balançou a cabeça da forma mais leviana que Flavinho gostaria de ver. Preferia ser repreendido por ela, afinal, a mulher foi o inferno na vida de Mariângela, de quem ele sempre recebera um ciúme crônico e desestabilizante, bastasse falar ou antes mencionar o nome de Zuca, e, contudo, agora, sua ex-esposa nem parecia dar pela coisa, era indiferença absoluta com relação à outra. Flavinho olhou-a de modo mais detido, e para sua surpresa Mariângela não firmou os olhos, desviou-os pudicamente, ela, que o havia sugado com o olhar desde o primeiro instante em que se conheceram. Flavinho demorou a atenção na aparência dela e notou-lhe o apuro do vestido curto e amarelo a realçar sua pele dourada pelo sol, além da bolsa de couro limpo, de marca, muito diversa daquelas suas costumeiras bolsas de pano, cheias de fios desgrenhados e coloridos, compradas em feira de artesanato.

— Você evitava falar com o seu pai nesses três anos que morou (ela não disse moramos) na praia e agora acabou voltando para a casa dele. — observou Mariângela, enquanto esquivou mais uma vez o olhar dos olhos agora picantes de Flavinho.

— Você não entende. Era muito difícil para mim encará-lo! Não podia voltar para casa com as mãos abanando!

Mariângela conversava e olhava o tempo todo no relógio. Enfim, disse que precisava de dinheiro, do dinheiro que ele lhe devia. Ele lhe deu algum, e ela lhe disse que estava com pressa. Despediu-se, e ele lhe pediu para ficar um pouco mais. Faz tempo que a gente não se fala, temos um passado, nós somos... Amigos — respondeu ela. Flavinho não entendeu bem por que, mas ele sempre havia feito questão de usar com ela a palavra "amigos", que ora lhe caía tão indigesta. Cumpriu-se um silêncio desagradável entre os dois, o qual ela aproveitou para se despedir e sair apressada em seguida.

Os meses se seguiam assim. Então, todos reunidos de novo e todos separados como sempre, meus filhos ordinariamente ocupados com suas vidas só, minha esposa de seu jeito de costume, reservado, algo fugidio, e eu, por meu turno, ia recuando, recuando, instado por meu sensível instinto defensivo e me fechava.

Dias desses, cheguei em casa e encontrei todos fora. Olhei pela vista panorâmica da janela em estilo *baywindow* e pensei que minha solidão continuava tão maior quanto se expandia meus domínios. "Pouco me importa", dizia para mim mesmo. "Melhor assim. Espero que esteja só, sem eles, que é ainda melhor que estar só com eles que ainda é melhor que estar só, com eles."

Decidido a fazer algo para me entreter, dirigi-me ao escritório a fim de rever as emendas da peça orçamentária na qual me debruçava nos últimos dias. Desisti no meio do caminho, desanimei-me em fazer o que há um instante me dispunha, voltando para trás e estacando na sala, onde permaneci sem desejar, reduzido no centro dos amplos ambientes que lembravam um *loft*, aflito e inquieto pela inanição, desejando-a, porém, como se eu me debatesse dentro de mim enquanto meu corpo teimasse em manter-se prostrado — sintomas típicos do estado depressivo. Se fácil foi diagnosticar em mim a depressão, não pude ou quis assumir a excitação de meus sentidos extrasensoriais como efeito da negatividade de pensamentos e degradação emotiva a que eu me deixava arrastar. Os estados de desequilíbrio assulam nossa mediunidade e, como me houve ocorrido infindas vezes, os sensitivos tornam-se passíveis de manifestações desagradáveis nesses períodos. Esse acirramento emocional me fazia sentir ainda mais exausto e me chumbou no sofá no decurso de uma hora, quando resolvi sair do ambiente, o qual parecia a mim rarefeito, errando pela casa sem saber o que fazer. Subi ao quarto, deitei, mesmo sendo muito cedo ainda, mas levantei-me ao sentir a presença de alguém no recinto. Levantei-me pressuroso, liguei a luz do quarto, quis chamar os seguranças, mas me contive, recriminando-me por minha imaginação fértil, e acabei por me encaminhar até a sacada. Olhei para baixo, tive uma impressão angustiosa, ponderando de forma lúgubre que daquela altura uma queda poderia ser fatal. "Pula!" Disse uma voz, clara e audível, que me fez olhar para trás de imediato, julgando ter alguém colado em mim. Constatei estar sozinho, como também não havia ninguém lá embaixo, e, sentindo encrespar as costas feito um gato, corri para fora quase instintivamente, de maneira a me afastar das presenças, as quais não via em absoluto, mas sentia com perfeita nitidez. Desci para a saída recuada da residência, onde cheguei ofegante e molhado de suor, e dirigi-me para junto da piscina, de maneira a me servir de boa dose de bebida. Aproximei-me do balcão de madeira disposto ao fim do *deck* e peguei um copo, para, em seguida, dar pela falta de meu uísque favorito entre as garrafas aglomeradas sobre o tampo de cima. Agachei-me e espiei se havia alguma no gabinete embutido abaixo do balcão e, surpreso, reparei na falta de boas delas, fazendo-me suspeitar de empregadas e seguranças. Averiguando se nada mais faltava além das bebidas, olhei nos armários e, mais surpreso, deparei-me com uma das gavetas cheia de água, a uma gota de transbordar. Compenetrado, examinei toda a extensão interna e externa do armário, sem achar por onde poderia ter infiltrado qualquer espécie de líquido a ponto de molhar a gaveta, quanto mais encher, e não restou indício que me explicasse minimamente o fato. Garrafas quebradas nem cogitar, pois, sendo, deveriam primeiro molhar as gavetas superiores, as quais vi e conferi mostrarem-se de uma secura completa. Intrigadíssimo, chamei a governanta que, em instantes, estava ao meu lado e, após lançar um pouso d'olhos na gaveta e ouvir-me questionar "o que é isso?", fixou-me um olhar bovino e estagnado que, de pertinaz, fez-me conferir a gaveta e sobressaltar-me. Não havia nem o menor sinal de água, de umidade ou mancha d'água, e não se via outra coisa na gaveta há pouco transbordante que não secura severida, e eu a arranquei da estrutura do armário e esquadrinhei cada milímetro ao cabo de bons segundos, enquanto a mulher deitava em mim uma expressão desconfiada e arisca, a mim, acocorado, apalermado, a gaveta vazia nas mãos, a desculpa parada na garganta. Dispensei a governanta entre encabulado e canhestro e ela foise, virando para trás a meio do percurso um esquisito olhar, e retomando célere o caminho para seus aposentos ao bater com minha expressão repressora.

Quando essas coisas vão me deixar em paz, pensei, ou disse, não sei, estava alterado, voltei para dentro da casa, na instintiva reação de quem quer se proteger. Lembrei-me de Butran, o Butran, claro! Ele sempre tinha o poder de me sossegar com seu ceticismo jocoso e, mais que ligeiro, peguei o telefone e relatei-lhe o ocorrido, procurando regular um tom calmo e seguro na voz, de maneira a não lhe dar ensejo para sua gargalhada consternadora, que eu queria, e temia. O riso não veio, e, ao contrário, ele me deixou apenas a tranqüila recomendação: tome um calmante, seque bem a gaveta e tudo ficará bem. Eis. Não disse mais nada, e eu fiquei esperando ao cabo de alguns segundos o prosseguimento de comentários sarcásticos e maldosos ou até de admoestações a que eu refreasse a imaginação fértil, mas nem coisa nem outra ele se dignou a expressar. Fiquei irritado com o sutil timbre altivo atrás de suas palavras de reconforto e com o seguido silêncio que me despedia, inda mais quando a conhecida e impertinente vozinha acusatória soou em minha cabeça: "foi você quem pediu", levando-me a encerrar a conversa com frieza. Quando voltei à solidão da casa de novo, abateu-me incontrolável impulso de sair dali, de me livrar das silentes e opressoras paredes da mansão e fazê-lo sem dizer a ninguém, saído incógnito, até porque, ainda quando me via portão afora e meu carro molejava sobre a rua, eu não tinha a menor idéia sobre qual rota tomaria. Resolvi descer para o litoral.

Ao chegar na ilha, inspecionei a casa e me certifiquei se as minhas recomendações haviam sido cumpridas e se a residência estava bem cuidada. O rapaz amancebado de Walquíria mostrava-se alguém dedicado ao trabalho, como ela, que já me havia provado no passado, e eu não me arrependi de tê-los empregado. Meus olhos varreram a orla da praia em busca da casa deles, como em busca da menina, a adolescente Gabriela, sem que eu admitisse isso para mim, e avistei-a antes dos outros, com a cadência levemente alterada de meu coração, ela vindo para a minha direção, vindo olhando para tudo, indiferente a mim e ao mundo. Bebia direto de uma lata de leite condensado e parou a poucos metros de onde eu estava, enfiando-me aquele olhar parado e preto enquanto a lata cobria seu rosto. Não me disse nada, um pequeno "oi" ao menos, nada, apenas se deixou ficar em minha frente, pertubadoramente próxima, me fazendo confabular se o fazia de forma consciente ou não. Não, pensei, tinha quinze anos. Devia ser ingenuidade. Meus olhos caíram em seu decote, em que os seios se protuberavam apesar da pouca idade, decote licenciado pelo ambiente praiano, porém, ainda aí, para lá de arrojado.

Logo se estabeleceu entre nós intimidade alegre e entusiasmada, embora não muito respeitosa, pois falávamos um para o outro sobre o que fosse, sem muitos critérios, sem muitas licenças, e outra vez me espantava o grau de familiaridade que tomava nossa incipiente relação. Ficamos juntos horas seguidas, levei-a para casa somente à chegada da noite alta e resolvi voltar para a capital, eu um tanto encantado com o fato de a moça ver interesse em ficar comigo horas a fio.

Enquanto voltava para São Paulo, alimentava pensamentos a respeito de nosso relacionamento e acalentava com ternura a circunstância de nosso imediato entrosamento, rapidez que sempre sugere o aval do destino aos enamorados, ou me embalava a recordar o prazer que sentia em vê-la a me olhar com atenção, enquanto eu disparava ordens para todo o lado aos empregados. Até as malcriações dela seguia eu a mimar na memória, as quais eu tomava por engraçadinhas, atenuando-as pela energia e estouvamento característicos da idade. Repassava nossas críticas mútuas, que via como reação de quem se gosta, assim como no jeito dela de se achegar a mim e sempre deixar encostada alguma ponta que fosse de seu corpo no meu, o joelho, o ombro, tocando-me com a mão ao me falar, fazendo-me sentir seu calor agradável. Por quê? Especulava. Será que sentia falta de um pai? Eu tinha vontade de protegê-la, paternalmente, e tinha vontade de tocá-la... Ora, meu velho Denisário, o que está acontecendo com você?

Passei vários finais de semanas consecutivos indo para a ilha, pondo-me a freqüentar a casa de meus caseiros como se fosse minha (e não era?), com a franquia desigual que um patrão estabelece aos seus empregados, no movimento de minha casa para a deles e nunca no inverso, quer dizer, da casa deles para a sede. Mas relevavam esse aspecto desfavorável, e, na realidade, tratavam-me com uma deferência adulatória que me provocava o contraditório sentimento de desgosto pela condição própria da adulação de subestimar a percepção do adulado e, paradoxalmente, o sentimento de satisfação pela licenciosidade que me deixavam tomar com relação a eles próprios e sobretudo com Gabi. Apenas o velho, o pai de Walquíria, não se apressava em me realizar as vontades, não se adiantava em adivinhar meus desejos, e isso de início me incomodou. Coisa curiosa a adulação, não gostamos dela, todos dizemos que não a suportamos e execramos os aduladores, mas nos descolamos deles com dificuldade e achamos atrevidos aqueles que, em meio a uma roda de badaladores, se negam a nos servir. Não que o Seu Bartolomeu resistisse em fazer o que eu mandava, não. Era-me prestimoso e expedito, homem humilde, mas sem servilismo, cumpria sempre meus pedidos de imediato. Apenas esperava que eu me dispusesse a pedir, ainda conhecendo de antemão minha urgência, além de me tratar com absoluta formalidade, sem jamais permitir entre nós o menor tapa da intimidade, como se quisesse deixar claro que eu poderia até mesmo escravizá-lo, mas nunca obteria o seu coração.

— E sua esposa, Seu Deni? O senhor nunca fala dela. — inquiriu a certa altura Walquíria, talvez um tantinho intrigada com a crescente intimidade entre mim e sua filha, numa das ocasiões em que nos víamos reunidos em sua casa.

Deveria ter-me calado, não deveria ter dito nada, mas respondi de modo que demonstrava um nada de consideração ao matrimônio ou, antes, à pessoa de Marisa, que, fosse acusada de tudo, menos que não houvesse cumprido sua fidelidade esponsal ou tivesse maculado com palavra, olhar ou gesto sobre o que firmamos no altar.

Súbito, Gabriela veio sentar-se no meu colo. Ninguém entendeu a reação da garota, ela era assim: dava-lhe na cabeça, ela fazia. Após um segundo de silêncio desconcertante, todos soltaram risadas forçadas, com as quais desejavam descompressar o clima constrangedor, firmando-me cada um deles uma expressão meio risonha meio arisca, e somente se acalmaram quando me viram sorrir sem jeito, mas amplamente. Continuei a falar como se nada houvesse, a tecer meu comentário, meu elogio à falência do casamento, por si, indigno à sobriedade e pudicícia de Marisa.

— Eu vou acabar casando é com a Gabiinha. — arrematei no final, provocando novos risos de Walquíria e Jônata.

— Quem gosta de velho é reumatismo. — respondeu a pequena, ao cabo das risadas, extraindo outra vez o riso de todos, riso agora muito menos precavido, um tanto atrevido e quase, por pouco, vingativo.

O pai de Walquíria permanecia calado e acobertado pela penumbra de seu canto de sala, atrás da brasa de seu cigarro.

Em outro repente, Gabriela pegou-me no braço, puxou-me para fora de casa, me dizendo "vem cá". Logo percebi que desejava me confidenciar algo, enxergando em mim o apoio para solucionar dúvida ou embaraço que já devia cutucar a algum tempo seus pensamentos pueris, e eu, na altura de meus setenta anos, coloquei-me à disposição, acalmando-lhe os passos com voz terna e protetora. Ela se sentou na areia da praia, enquanto lançava um olhar obstinado para o alto, e só então ouvi o motor do helicóptero que se aproximava da ilha. Minutos depois, observei surpreso que Bob chegava acompanhado do piloto, um moço de vistoso porte, como meu filho, e qual ele, belo. Entendi de imediato que a menina estava interessada em vê-los e fiquei contrariado, ao mesmo tempo que instigado; em verdade, ciumento da juventude deles. O meu corpo passou a desejar o dela, mas esse sentimento confundi com ternura, por não querer admitir a mim mesmo a desvantagem que eu levava, um homem bem posicionado e poderoso, ligado a uma garota matuta como ela.

— Aquele homem me quer. — encetou ela de repente.

Senti uma fisgada em meus brios, pois uma voz me dizia ser exatamente o jogo da sedução que a trazia ali, para ver o formoso sujeito, voz que não quis ouvir, pois eu, sem o saber, velara há tempos a idéia, o estereótipo, o enredo de nossa união que formam a essência da atração entre amantes.

— Precisa tomar cuidado com homens que só querem uma coisa das mulheres, Gabiinha. — respondi-lhe, enquanto pousava-lhe a mão sobre o joelho, afetando, para ela e para mim, ternura paternal.

— Com um macho desse eu faria miséria! — exclamou, quando o viu afastar-se do helicóptero, enquanto eu sentia a volúpia dela me instigar ainda mais — Oh, Deni, ajude-me, ajude-me!

Disse já me abraçando, no exato instante em que o sujeito pulava da baixa plataforma de concreto do heliporto e voltava-se para nós dois. Embora encabulado com o olhar retido do piloto em nossa direção, senti todo o meu corpo em contato com o dela e, sabendo que deveria soltar-me, apertei-a ainda mais contra mim. "O que houve? De que tem medo, Gabiinha? Não se preocupe, eu estou aqui, meu bem..." acalmei-a, enquanto o piloto se dirigia para o outro lado da ilha, onde havia um píer abandonado. Baixei-lhe compassivo sorriso e pensei "pobre criança", ao mesmo tempo em que lhe afagava o cabelo. Por sorte minha, Bob desceu do outro lado da cabine e se dirigiu para a casa sem nos ver. Seria vergonhoso para mim ser surpreendido nos braços de uma meninota como aquela, pois, a contar pela ultra-sensibilidade discriminante dele, herdada de mim, aliás, Gabi seria por certo conceituada como pessoa vulgar e desclassificada.

— Escute, meu bem, preste bem atenção! — afirmei-lhe, com o indicador ao alto primeiro e depois pousando a mão sobre a dela, superposição que mostrava o contraste da pele sardenta e flácida minha e a esticada e forte dela — Cuidado com a intenção dos homens.

Ela me lançou um olhar maroto em que não sei onde vi flamejar o brilho da inocência infantil. Depois, retomou o ar compenetrado de antes, sério, súplice até, e contemplou-me de maneira cordata e interrogativa.

— O que ele quer comigo, eu não entendo...
Detive uma análise mais isenta sobre seu corpo fresco e rijo e me perguntei se de fato não sabia o que o piloto queria dela, ela, uma moça de quinze anos bem feitos, saturada de idade para saber de tudo, tudo, e reparei na miniblusa quase lhe esmagando os seios atrevidos e no shortinho aberto nos dois botões superiores e frontais pelo reduzido tamanho da peça em relação às ancas. Sua roupa, seus gestos, sua boca e o que saía dela, tudo entregava, tudo revelava que ela conhecia muito bem as intenções do indivíduo. Mas eu não queria ver a evidência. Havia um grito em meu corpo, havia um desespero de sobrevivência em minha pele esquadrinhada, salpicada, e o que seria fácil de entender em outra circunstância, ou tempo, não entendi, se outrora, outrera, eu pudesse ouvir a intuição que sempre nos guarda das aflições, a intuição que me dizia ser exatamente o que Gabiinha era, e era mesmo, eu contudo me neguei a ver naquele momento, como em tantas outras circunstâncias em minha vida, não quis e não dei vez a esse sinal clarividente, claro e evidente.

Vi a silhueta assombrada de alguém crescer em nossa direção. Reconheci os torneios do corpo de Walquíria, a andar célere, a virar o rosto para todo o lado e finalmente a estacar quando nos avistou, guardando uma distância respeitosa. Dava a perceber a sua preocupação com o paradeiro de Gabriela e sossegou quando nos avistou à beira-mar, voltando sobre suas pegadas. Surpreendi uma expressão fugidia no rosto da garota no momento em que enxergou a mãe, mas, em seguida, ela me olhou e sorriu com certa culpa, sem me deixar ver culpa de quê.

— Ele lhe disse alguma coisa? — inquiri-lhe, trazendo-a de volta ao assunto.

— Disse-me um monte de coisas e espera minha resposta.

— Deixe para lá.

— Não posso, não posso! Não dá para deixar a coisa assim.

Eu a coloquei em meu colo e lhe dei várias explicações sobre os relacionamentos entre homens e mulheres, recomendando-lhe muito cuidado com as atitudes masculinas que poderiam mascarar intenções menos nobres atrás de promessas de um relacionamento mais profundo e...

— Não posso ignorar o cara.

— Bem, então fale com ele. Também não é justo deixar o moço com esperanças.

— Acha mesmo? — disse-me Gabi, enquanto reparava seu semblante acender. — Fica aí! Se a minha mãe aparecer, grite. — Mas não deixe o sujeito levá-la na conversa! — gritei, enquanto procurava entender o porquê de seu intenso avivamento e de tais passos saltitantes feitos os de um veado ao fim do inverno, que a alaram e a fizeram desaparecer na escuridão, à procura do homem. Só pude conceber tal atitude como fruto da excitação natural de sua idade, em sua juventude em ascenço e os hormônios mal assentados. Estranhei todavia a sua demora, e quando dei pelo horário já havia passado mais de meia hora. Outra vez, avistei a silhueta agitada de Walquíria e fui rápido avisar Gabiinha, encontrando-a ou, antes, encontrando a sua voz atrás de uma gigantesca pedra de calcário que se prolongava até o mar e se geminava na encosta escarpada do morro. Bastou eu lhe chamar e comecei a escutar gritos lá de trás, aproximando-me pressuroso.

— Eu sou muito mulher para lhe colocar em seu lugar, está me entendendo! — era a voz dela, por certo — E não pense que só porque é mais velho vai abusar de mim! Vá para o inferno!

— Está tudo bem aí, Gabiinha?

— Tudo bem, tudo bem, estamos conversando! Vá ver se a minha mãe está me procurando!

Entendi que ela estava passando uma reprimenda no rapaz e afastei-me mais sossegado. Postei-me a meio caminho de onde estavam e de onde vinha Walquíria, e, como eu imaginava que iria fazer, a mãe de Gabiinha parou e perguntou-me se eu estava com a filha, ao que respondi de forma positiva e depois praticamente a constrangi a voltar para casa. Apurei o ouvido e não me veio ao tímpano o bate-boca de há pouco, os dois haviam silenciado, deviam conversar baixinho, e voltei para meu posto, quando já Walquíria se havia ido. O mesmo ocorreu mais uma vez, e eu corri para chamar Gabiinha, e de novo ela começou a esbravejar com o rapaz, agora já dizendo-lhe alguns impropérios demasiado vulgares.

— Acaso você não sabe que tenho quinze anos de idade, velho! Acha que pode apagar meu fogo, ridículo! — exclamava, enquanto sua voz reverberava pela parede de pedra.

Perguntei-me se não deveria ir até lá e passar uma descompostura no piloto, mas ponderei que ela o reprimia com vigor e, como só se ouvia sua voz, dava portanto ao sujeito mostras de que acatava a repreensão da moça sem reservas. Walquíria apareceu depois de algum tempo e novamente eu me fiz ver e afirmei-lhe que não se preocupar, ela voltou para casa, o silêncio estabeleceu-se outra vez atrás da pedra, e eu me perguntei que tanto assunto os dois tinham ainda a trocar. Voltei para o primitivo ponto, onde permaneci por mais meia hora, quando minha paciência chegou ao limite e me erupiu a idéia de que eu estava sendo usado pela peste da menina! Resolvi ir até onde estavam para averiguar se de fato minhas suspeitas tinham fundamento, quando vi os dois, já fora da pedra, a caminhar descalços, na altura da praia em que as ondas podiam apenas ciscar os seus pés. Instantes depois, o piloto desapareceu, e ela caminhou até onde eu me encontrava.

— Veja o que a gente pegou.

Estava desgostoso e muito irritado, sentia-me um imenso idiota, mas quando ela me mostrou a palma da mão cheia de conchinhas foi como se a água do mar me houvesse caído na cabeça. Não, não pode ser, pensei. Esfriei-me, ponderando em como uma menininha tão infantil como ela, que se entusiasmava desse modo pueril com meras conchinhas, poderia se entregar ao piloto? Olhei seu corpo todo aparente e torneado pela roupa molhada, corpo estufado de vida e erguido de sedução, e acabei de amolecer-me. "Não deveria ter-se molhado no mar. Pode pegar um resfriado." — repreendi-lhe de afetuosa maneira, enquanto passava a mão em seu corpo e lhe notava inteiro sujo de areia. Ajeitei-lhe uma mecha de cabelo para trás da pequena orelhinha de abano e vi que até ali havia areia. Ela me lançou um olhar raivoso para minha feições prostradas e bateu em minha mão com a mesma em que carregava as conchas, findando por deixá-las cair. Ah, como são espontâneos os jovens, que sinceridade ingênua, pensei. Contudo, preocupei-me com ela, pois tais atitudes iriam por certo ofender as pessoas com as quais ela se depararia na vida, pessoas que se mostram sempre melindrosas e prontas a revidar sem piedade. Vi-me enternecer pela imagem que visualizei sobre nós dois, ela ao meu lado enquanto eu a protegia do mundo, ela reconhecida, devolvendo um amor desinteressado e inabalável, desejando-me, seduzindo-me, mas eu a beijando na testa, numa demonstração de amor desinteressado e nobre. Catei cada uma das conchinhas do chão animado com tal projeção de futuro e, quando as fui devolver, ela já havia corrido para casa. Limpei bem as conchinhas e as guardei no bolso.

Voltei para a capital no dia posterior. Ia na estrada ansioso para chegar logo e, já instalado em casa, abateu-me nova vez a mesma sensação de deslocamento, de inadaptação e de igual falta de interesse pelo que estivesse fazendo. Senti saudades das lides intermináveis da Câmara, ora em recesso, em que eu podia exercer meu prestigiado posto, onde bastasse chegar e me vinham ao encontro os meus e me seguiam pelos corredores do prédio, quais batedores, para enfim cruzarmos a porta do plenário, em que eu trocava aquilino olhar com os outros líderes de partido, cercados dos seus, e nos flertávamos, os grandes, antes de nos sentarmos para decidir na sessão o destino da imensa metrópole. Coisa louca a vaidade... Sabemos que alimentar a vavuidade é um erro evidente, mas continuamos a sorver de sua efêmera, fugidia, fugaz sensação de prazer. Pessoas nos fitam e perguntam-se como os homens públicos não enxergam que o poder é pura vaidade. Sabemos... ah, e como! Senão de forma plena e consciente, existe sempre a intuição da verdade, a consciência preposta que nos cobra sem trégua logo em seguida de nos deixarmos levar pela vacuidade do comportamento orgulhoso. Mas qual mais satisfação podemos angariar quando nossa vida é uma completa ausência de sentido? Fui caçar o que fazer; passei o dia todo resolvendo um sem-número de assuntos, plenos de desinteresse e irrelevância, e voltei para casa ao fim do dia. Noite. Marisa estava dormindo, eu não escutava o violão indolente de Flavinho em seu quarto, e o silêncio da casa agora me fazia apreensivo. Servi-me de dose dupla de uísque e sentei-me no sofá da sala. Ultimamente, ocorria invariavelmente o mesmo, eu me enchia de bebida para me acalmar quando se aproximava a noite alta, não por coisa pouca ou mania sem motivo. Haviam os fenômenos que de ordinário pontilhavam os períodos de minha vida e ainda me via sob a impressão do último. Sentindo um arrepio, lembrei-me da voz "pula!", como também da gaveta cheia d'água e levantei-me de um pulo do sofá, retirei-me em direção à minha suíte e, lá chegando, vesti ligeiro o pijama para só então me ocupar das higienes finais. Ao fechar a porta do banheiro, não pude ver que Flavinho acabava de entrar no quarto, sem se encontrar comigo, portanto. Queria me dizer qualquer coisa de menos importância, quando observou vazio o recipiente de vidro, que eu mantinha sobre o criado-mudo, e resolveu enchê-lo, pois conhecia meu hábito de beber água durante a noite. Ao sair do reservado, não o encontrei mais e deparei-me com a vasilha com água até a boca, o que me causou imediata irritação, certo de não tê-la enchido e convicto de estar outra vez diante de uma das infernais ocorrências inexplicáveis. Procurei manter a calma e, como não conhecia a procedência da água, entornei-a toda no ralo da pia, encaminhei-me à cama, devolvi o recipiente ao criado-mudo, deitei-me e, deitado, a fisiologia me lembrou de que eu ainda tinha contas com a higiene. No exato instante em que fechei a porta do banheiro atrás de mim, Flavinho abriu a do quarto como se uma aproveitasse o deslocamento de ar da outra, e mais uma vez não me encontrou. Não quis me incomodar no banheiro e tinha já o corpo girado para a direção da porta da saída quando a visão do recipiente puxou o seu rosto. Notou a falta de água da vasilha e zelou pelos meus hábitos noturnos outra vez, saindo pressuroso para a cozinha, que ficava no extremo oposto da casa, vindo ao cabo de um minuto trazê-la cheia como na vez primeira. Igual circunstância se passou, eu saí do reservado, não o encontrei, dei com o maldito recipiente e me vi perturbar, embora todo o esforço que fazia para não me importunar mais com os fenômenos, frustrando portanto a indiferença que afetava para mim mesmo — insucesso que me deixou ainda mais irritado. Encolerizado, arrebatei o recipiente, lancei-o janela afora do quarto e, no instante em que julguei finalmente encontrar a paz devida a um filho de Deus, deparei-me com Flavinho à porta do quarto, assustando-me um bocado. Ele, desconcertado, ao ver-me no semblante o arregalo do susto, tentou se desculpar, mas afastei de mim "vá, vá dormir" lhe cortando as desculpas inconvenientes e, de modo abrupto, fi-lo recuar para além do batente e fechei a porta sobre o seu rosto derramado, a boca armada para dizer coisa que não me interessava.

    Daí a alguns meses nada se passou digno de registro ao crivo judicioso de minha memória, como se incidentes não houvera nesse tempo, até que por fim voltei a relembrar passagens que me fizeram reconhecer a manhã de meu septuagésimo aniversário. Meu aniversário...

    Em época nenhuma gostei dessa data, nem jamais entendi como pode provocar satisfação a certas pessoas, a ponto de lhe renderem festas. Primeiro porque o dia natalício vem lembrar o encurtamento da vida e, depois, porque nunca me convenceram as demonstrações de afeto e estima comumente expressas ao aniversariante e, enquanto correspondesse, eu de mim sempre senti algo de postiço nos cumprimentos bulhentos, os gestos grandiloqüentes, os braços abertos como os do Redentor, símbolo de nosso país, à porta de entrada da festa.

Mostras de consideração, amizade e toda a blandícia devem ser feitas nos momentos sentidos, não em datas preestabelecidas que só forçam as pessoas a ligarem o sentimento, como se possível fora. Não que eu fosse descrente de qualquer efeito positivo dos aniversários ou das homenagens. Não. Creio haver em tais comemorações certa função proveitosa dentro do palco da vida, pois as pessoas precisam se convencer de que realmente amam alguém, e a obrigação de demonstrarem para um de seu círculo de relações impelem-nas ao exercício desse sentimento de amor e, ao fim, toda gente se credita com seu humano impulso de querer ser bom — um pouco de representação Deus permite para tornar o convívio entre os homens mais suportável.

Pelo dito, era hábito meu dissuadir a minha esposa, parentes e amigos de me homenagearem e, se acaso farejasse sinal de festa surpresa no ar, urdia uma desculpa, inventava extemporânea viagem, articulava uma escapatória e me ia pelos anos fugindo das comemorações de meus aniversários.

Não sei o que me deram todavia, esses setenta anos... Trouxeram-me a vontade de festejar a data, e resolvi não oferecer resistência ao convite que invariavelmente Marisa me fazia todos os anos que estivéramos juntos, mesmo conhecendo minha aversão continuada. Ela, no entanto, falhou às minhas expectativas e, não sei por qual diabólica dessintonia que só conhecem os casados de data, nem mesmo mencionou sobre o meu dia natalício, quanto mais propôs festejá-lo, rompendo com um hábito seu de mais de quatro décadas. Havia-se esquecido da data, sem dúvida, e me fez sentir bastante irritado com isso, embora eu não o pudesse manifestar por incorrer em escandaloso capricho, eu que havia desde sempre me mostrado refratário às festas e indiferente aos cumprimentos que recebia, como mesmo frio e frouxo aos abraços de meus familiares. Na realidade, surpreendi-me com o próprio sentimento de mágoa, pois julgara não dar a mínima atenção para o dia de meu nascimento. Ela, em seu jeito meio sonso nas primeiras horas do dia, acercou-se a custo da cabeceira da cama, em que verificou avariado o mecanismo de seu despertador, há tempos por concertar, o que lhe valeu de minha parte uma repreensão desmedida, acrescida pelo rancor.

Descemos para a copa, onde nos foi servido o café, e só quando recebi os cumprimentos de Flavinho, ela se levantou da cadeira estampando no rosto caída e vexada expressão, o que lhe rendeu mais uma malcriação de minha parte. Tentei esquivar-me de seu abraço, mas, vendo-me enlaçado, repeli-a no instante seguinte. Para disfarçar seu constrangimento de ser repudiada, Marisa afetou certa afobação com os afazeres e retirou-se da copa como que esquecida de tomar o seu lanche.

— Ela ainda devia estar com sono, pai. — censurou-me Flavinho.

— Tii, ahh! — respondi-lhe, fazendo uma careta e dando um tapa no ar com o dorso da mão — Não se preocupe, sua mãe logo esquece. Não liga para nada.

— Vai ficar sentida...

— As mulheres ficam sentidas por qualquer coisa. Não devemos nos ocupar com a ultra-sensibilidade feminina.

Flavinho mexeu-se incomodado na cadeira, deixando-me adivinhar que se contrariava com a afirmação.

— Elas são delicadas, nós...

— Nós nada! — cortei já me alterando, a mim parecendo que Flavinho visse o elemento feminino de forma ingênua ou que defendesse algo nele mesmo — Você é homem, rapaz!

— Antes de nos tornarmos homens, somos filhos.

— E daí? Por isso, devemos desculpar as mulheres de tudo? — inquiri asseverando, enquanto indicava com a mão tensa minha impaciência.

— Nosso primeiro contato é com uma mulher, de quem sentimos primeiro a dor. — retrucou Flavinho, falando apressado como se o ar fosse lhe faltar, faltando as palavras — Por isso, não podemos repetir o mesmo e oprimir nossas esposas.

— Como os pais fizeram? — completei desafiador, já sentindo crescer meu pendor irascível ao vê-lo balançar a cabeça positiva e atrevidamente — Quer dizer que oprimo a sua mãe?!

Flavinho não respondeu, ficou apenas com o olhar fixo na xícara, a qual segurava imóvel com as duas mãos. Disse-lhe algumas extravagâncias de pensamento a respeito da dissimulação feminina e da ingratidão filial e retirei-me.

Segui atrás de Marisa e, ao subir a escadaria que sinuosamente crescia aos quartos, meu mau humor aplainou-se. Fui encontrá-la no *closet* e falei-lhe com mais docilidade, como a me reabilitar de meu gênio, enquanto lhe fazia comentários intermitentes das festas que havíamos realizado no passado para nossos filhos, relembrando certas passagens pitorescas e bons amigos de tempos perdidos. Ela, contudo, não propôs nenhum tipo de comemoração, aflita em me desagradar, e eu tive de engolir o cultivado orgulho de ser homem de posições sólidas, de ter uma personalidade determinada e constante, homem de palavra só, e acabei propondo com toda a clareza. Ela deu um pulinho de alegria, alegria postiça, alegria que me irritava, como me irritavam a quase-totalidade de suas manifestações emotivas, sem me aperceber ao longo da vida do motivo dessa irritação. Agora entendo: sempre as tomava como oriundas de um fundo raso e inatural.

— Vou providenciar o jantar agora mesmo! — disse ela, dando palminhas de alegria — Precisamos fazer os convites o mais breve possível.

— Mas somente esta! — arrematei para me reconciliar com meus hábitos — Ano que vêm, nem pensar.

Quase não vi as horas daquele dia passarem e, momentos antes do começo da festa, acheguei-me de Marisa e lhe dividi meu receio de sobrar toda a comida e bebida cara, caríssima, reservadas sem parcimônia por nós, diante da circunstância de ninguém vir me prestigiar. Mostrava-me preocupado com as despesas, mas me via em verdade temeroso de ninguém aparecer e os presentes notarem minha pretensão de prestígio pelo número de salas e mesas vazias.

As primeiras deserções que verifiquei, para maior inquietação minha, foram de meus filhos Bob, de quem eu nunca esperei a presença, e de Flavinho, de quem esperei, mas não de forma confiante, por conta de nossa discussão no café da manhã. A insegurança sempre me inspirava uns modos desgraciosos e ríspidos, os quais não raro transbordavam em quem estivesse ao meu lado, no caso Marisa. Critiquei-a com brusquidão pelo fato de ter se excedido no número de convidados, para uma festa realizada em última hora, fazendo sobrar comida e bebida, sem falar nas despesas com o serviço de copa contratado, um gasto evitável e sem necessidade.

Na hora marcada, Butran entrou pela porta conduzido pelos empregados e nos cumprimentou de maneira breve, vindo com um lenço na testa e se acercando de algo para beber. Perguntei-lhe se havia passado por algum aborrecimento, e ele nos contou que, a caminho de cá, testemunhara um acidente de tráfego envolvendo uma vítima fatal, e passou a nos relatar com um detalhamento visceral os estragos causados no corpo de uma moça, lançada perto da janela do carro dele, após ser atropelada por uma camionete dirigida por motorista irresponsável, entrado em plena contramão de movimentada avenida. "Por que estas coisas sempre acontecem com você, Butran?" perguntou minha esposa. Deixando de lado sua tara mórbida e lúgubre com uma subitaneidade impressionante, ele pinçou com os dedos minha camisa, já bastante umedecida pelo suor da tensão que eu sentia em pensar no fiasco da festa, e sussurrou em minha nuca: "Da próxima vez, pega a camisa na gaveta seca", com a rotunda aproximação de sua cara insondável, atrás da qual eu nunca podia ler a intenção, se de me ridicularizar ou se de me apaziguar o desassossego da alma. E a camisa foi secando em meu corpo na medida em que faziam soar a campainha de casa, introduziam-se os convivas e tomavam seus lugares nas mesas, até o ponto em que essas, as mesas, tornaram-se disputadas, e eu, mais assentado em mim, rodopiava lépido pelas fronteiras formadas por cadeiras dos círculos de conhecidos, como uma bailarina gloriosa em meio a um corpo de baile composto apenas de figurantes masculinos.

 A festa transcorria dentro do que se esperava, os grupos afins reunidos em círculos quase indivisos dentro do aglomerado, como o mecanismo de relógios de corda. Convidados de mais idade imobilizados em suas cadeiras e atrás de seus copos de bebidas riam e conversavam com maior comedimento, enquanto homens e mulheres de meia-idade dispunham-se de pé, às vezes em conversas caminhadas, rumando pelos arredores da casa ou para a saída em direção à piscina, às vezes em conversas flertadas. Um repentino grupo de adolescentes afluiu da cozinha para a sala de música em dissonância ao tom mais sóbrio do grosso dos presentes e me fez indagar filhos de quais de meus convidados seriam. Como não poderia deixar de ser, eu era o centro das atenções e me via todo o tempo disputado pelas inúmeras rodas dentadas, mormente pelos amigos, políticos, que me quase arrebatavam pelo braço à força. Dado momento, ouvi os colegas lisonjeando-me com a especulação de eu estar sendo indicado pelo partido para o cargo de prefeito da cidade de São Paulo, formando, ali, com os copos acima das cabeças, o copo de Butran o mais alto, a convenção meu partido. Embora me envaidecesse com a proposta, não a levava muito em definitivo, pois muitos dos parceiros de legenda almejavam tal nomeação, como mais o próprio Butran, e tudo era permitido naquela convenção de última hora, convenção etílica, por assim dizer. Em outro instante, era arrastado por uma concentração de damas para decidir se a saia de uma delas estava ou não em altura e decote considerados vulgares, discussão a que elas disputavam de forma descontraída, chamando umas às outras por nomes um tantinho pesados, mas nada depreciativos, e desfiavam mais gracejos recíprocos que se queriam de uma intimidade fraterna, mas em que se via certa camaradagem espetada. Mal me ouviram a resposta à sua indagação e a mulher de idade que estava dentro da saia em questão replicava com ar altivo ao riso maldoso das colegas que havia adquirido a roupa numa loja da região dos Jardins, bem conhecida por todas elas e considerado o estabelecimento em que se encontravam os mais caros artigos do mundo. O argumento deveria soar como um abono da justeza da saia, afinal, era freqüente a esse círculo de mulheres a origem e o custo dos artigos da casa mencionada, na qual uma bolsa tinha o mesmo valor de um carro, e um vestido poderia chegar ao preço de um apartamento de classe média. Era de fato uma loja de fazer inveja aos lojistas de todo o planeta, da Quinta Avenida ou do Boulevard de Paris. Novamente instado a pronunciar-me, eu, fazendo uso da verve política da conciliação, ou antes do conchavo, lhes disse que a saia caía muito bem à senhora, cujo bom gosto era colocado à prova, como seria difícil que alguma roupa não "abrilhantasse" a formosura de qualquer das damas ao meu redor, o que me valeu uma saraivada de agradecimentos, enquanto era cercado por uma série de olhares lânguidos e chamado de "galanteador incorrigível", ou frase do tipo, bem hodierna. E o galanteador incorrigível deixou as senhoras em estado de graça, achando-as, contudo, muito velhas para ele. Ah! Que impacto iria causar em Gabiinha, se acaso me visse ali.

Afastando-me delas, meu sorriso encontrou com o de Marisa, a qual fingiu não me ver, comprovando o que eu já havia sentido, evitava-me. Tinha-lhe sido áspero mais de um vez, eu sabia, mas não pus nisso muita preocupação, pois não demoraria muito e ela logo trataria de me dirigir a costumeira afabilidade, como resposta à minha falta de maneira, porque orgulhava-se de si própria por sua peculiar iniciativa de contemporizar.

Quando girava minha atenção e meu corpo para o lado oposto, deparei-me com o meu cunhado a me dar alguns tapinhas nas costas, a sorrir-me com seus dentes separados, para em seguida voltar ao grupo em que ele se refestelava. O irmão de minha esposa assim agia já pela terceira vez, quando cruzava comigo, sem eu lhe devolver qualquer reação, gesto ou expressão amistosa, nem também animosidade. Eu não o fazia por querer tratá-lo mal, ou almejar desprezá-lo e se o desprezava, era de uma forma tão acabada e sem intenção, de tão espontânea maneira que a coisa passava para mim, como ato sincero e, portanto, autêntico. Na verdade, nem sei o que sentia por ele, se sentia, era um sujeito pendular, uma borboleta a aparecer por aqui em certas ocasiões, festivas no mais, que possuía ao menos a qualidade de nunca querer pousar em casa, senão por algumas horas, e logo seguir para novos ares, enlevado por sua volúpia de frivolidade. Sempre soube, por Marisa, que ela lhe emprestava sazonalmente alguma soma em dinheiro, dívidas a qual o irmão fazia questão de marcar numa caderneta, com um critério compenetrado para ulterior pagamento, embora minha mulher soubesse-as nunca saldadas. Tais dívidas, levadas a fundo perdido por Marisa, justificava-se, segundo o que ela deixava-me ver nessas ocasiões pela invencível dificuldade do sujeito de firmar-se no campo profissional, um "coitado na vida", como dizia ela em continuidade a um suspiro resignado, "quem dá aos pobres empresta a Deus". Acompanhei-o com os olhos até ele chegasse lépido numa roda de amigos, ou conhecidos — pouco importava —, e invejei a sua sincera capacidade de fartar-se com a festa, pois haveria sempre uma festa, amanhã e depois de amanhã também.

Nova vez, eu vi a mão de alguém se fechar em meu braço e equilibrei minha taça de jeito que a bebida não caísse e, quando desviei os olhos da champanhe apacentada, deparei-me com outra roda de conhecidos. Dessa feita, fui pego por um ricaço arruinado da sociedade paulistana, que ainda posava de grande saúde financeira. Quando se ingressa nas altas rodas, aliás, surpreende-se em constatar quantas fortunas supostamente consolidadas caminham pelos tempos das glórias passadas. Admira-se ver em como se sustentam e se equilibram tantas personalidades apenas pelo patronímico e em como se equilibram com o mesmo padrão nababesco, apesar de suas dívidas, com um pé em seus círculos de influência e com o outro sobre as novas gerações, gente de origem simples e sem outro nome que não no contra-cheque. Colunas sociais mostram-se um bom negócio, e os títulos nobiliárquicos não são coisa tão assim do passado — continuam em essência aqui, nas elites. E nós, os políticos mais expressivos, emprestamos os títulos para catapultar esses senhores sorridentes, com os quais aparecemos nas fotos dos jornais ou nos programas de televisão.

Ao bater das onze foram trazidos os réchauds, em que o consomê seria oferecido em serviço americano, hora em que seria visto na frente de todos o velho Butran, o qual gracejaria com a própria fama de esfomeado e oportunamente entraria na primeira fila junto à mesa, seguido de mais alguns amigos políticos, como repetiriam mais tarde, na hora do jantar, quão ainda depois, no momento dos crepes.

— Êh, Butran, que isso? — gritou um homem sortido em ditos espirituosos e colega de partido ao perceber que os amigos, com seus corpanzis, formavam uma muralha em volta da mesa — Um *consilium fraudis*?

Pelas tantas, a festa já me ia enfadonha, e eu olhava para meu quarto com saudade, ao mesmo tempo em que examinava nas feições dos convivas igual cansaço, sem ver-lhes, contudo, intenção de partir — até porque eu teria uma viagem no dia seguinte e levantar-me-ia bem cedo. Compreendi que eram todos uma gente como eu, quero dizer, também relutavam em voltar para casa. De todo modo, insistíamos e continuávamos a festejar o meu dia, muito bem servidos pelos indefectíveis garçons que, pela elegância supina e destreza de levar as bandejas ao longo das extensas salas enquanto colavam a outra mão nas costas, faziam lembrar dançarinos flamencos. Rodopiei pelos arredores e deslizei o olhar cicerônio através dos ambientes, a fim de confirmar se tudo corria a gosto, quando assisti o debandar do grupo de jovens para a varanda, há pouco reunidos à volta dos sofás de cambraia que delimitavam discreta e recuada sala. Via-se pelos pratos largados sobre a mesa de centro que já se haviam servido e comido com a ansiedade típica da juventude, a pressa de não perder muito tempo com essas coisas menores, e, uma vez chegados na varanda, correram cada qual para encontrar um espaço em que se acomodar, apossaram-se das redes presas nas colunatas, das cadeiras de vime ou mesmo do chão, onde uns se sentaram de costas para as muretas da varanda. A brisa fresca, quase fria, se anunciava pelo movimento copioso da cortina da sala, mas não parecia arrefecer o calor da rapaziada levemente vestida e prenhe de energia, que, mal havendo se acomodado, já se remexia dentro de si, incomodada com a mudez dos primeiros instantes.

Uma bela garota de quinze anos, a quem eu conhecia de algum tempo por ser filha do falecido vereador Munis, veio para dentro de casa, apanhou um alaúde e voltou a acomodar-se na rede, que se posicionava bem no centro de onde estavam todos, antes depositando no chão, com cuidado, o instrumento, cuja bojuda caixa acústica era ornada com delicadas incrustações de madrepérola. Sua companheira de rede, outra menina bastante encantadora, pediu-lhe para tocar qualquer coisa, e a filha do vereador recusou-se com ligeiro meneio de cabeça, numa expressão entre contida e desdenhosa, quando, no instante seguinte, um dos adolescentes começou a rir sem motivo aparente, contagiando todo o grupo, que passou a rir de maneira desenfreada, ainda mais ao lhe indagarem a razão por que ria e ele revelar-lhes também não saber. Em seguida de mais uma bateria de risadas, outra vez estabeleceu-se o silêncio, ainda mais abrupto quando rodeado por jovens, e um dos rapazes insistiu com a moça a quem acabava de conhecer "toque, Lorena, toque!" Menos pela vontade de ouvir e mais pelo ensejo de falar-lhe, movido por aquele impulso irresistível — e saudoso para mim — dos jovens de se dirigir a quem se apaixonam. Outros encorparam o pedido e, ao final, a filha de Munis tomou o alaúde e iniciou a dedilhar as cordas com sua mão pejada dos pontiagudos e agressivos anéis de hoje em dia, embora nem de longe lhe enfeiassem os finos dedos de cutículas bem feitas.

Oculto pela meia-luz da varanda vizinha, eu começava a me arrebatar pelas peças executadas na ancestral viola, denominadas pela bela instrumentista como "Canção de Escárnio" e "Canção de Amor", as quais todos conheciam por terem estudado em literatura. Pouco depois de ela executar melodias especificamente compostas para o instrumentos por músicos barrocos, logo passou a bater sambas e *rocks* nas cordas, deixando-me surpreso em notar sua versatilidade em utilizar o alaúde para músicas populares, as quais obtiveram instantânea e empática recepção e encheram de entusiasmo os jovens. "Boa, Lorena!" Somado à perícia da execução, vi-me cativar pela intensidade de sentimentos que a mocidade depositava em cada momento, sua expressão de fascínio e sua impressionante capacidade de enamorarem-se uns com os outros de um instante para outro, em especial com a pessoa que estivesse no centro das atenções, no caso, a deslumbrante trovadora. Estavam entregues a todo o gozo e fruição possível do lúdico momento, eram absolutos em seu encantamento e formavam por isso flagrante contraste com o resto dos convidados, que pareciam ter perdido o ânimo de entusiasmarem-se com as ocorrências da vida.

Eu acabava enleado ao tempo de minha juventude e via duas imagens, a presente, dali, do círculo dos adolescentes, e a imagem do passado, minha, só minha, das lembranças de meus jovens anos, como se eu colocasse um celofane diáfano e cintilante sobreposto à visão deles, e nos rostos inebriados dos moços à volta da linda menestrel, eu enxergava a minha face igualmente enlevada, quando também me encontrava em rodas de outrora, em grupos de amigos, com os quais compartilhava o mesmo sentimento de perfeita união e composição ideal de anseios, como se fôssemos todos uma só alma e gozássemos de uma experiência rara na vida, sem termos muita consciência, a exaltação do amor universal, ah, alegria quase insuportável, uma sensação de estouro calado que eu deixaria para trás, que não teria sentido mais tarde. Eles se abraçavam com ternura tão intensa que se algum rancor houvera entre certos deles desvanecer-se-ia, e em suas bocas pálidas se enfeixava um coro tão uníssono a lembrar suas almas que, se porventura resolvesse um deles comentar alguma coisa, cantaria. A comparação com o resto de meus convidados, dos quais eu fazia parte, e não daquela atmosfera exterior e festiva da varanda, era cruelmente desigual. Denisário! Alguém me chamou lá de dentro.

Porém, algo no íntimo sempre parecia me desenganar dos sonhos e me alertar a respeito de toda a euforia emanada pela roda dos meninos. Uma percepção que, de sutil e fugaz, eu não podia identificar a origem, se proveniente do campo intelectivo, se do emocional, se de meus canais sensoriais, não sei, sei só que me apontava para qualquer coisa de contraditório nos rostos esticados e nas gargalhadas desmedidas dos jovens, que me deixavam suspeitar haver certo desespero, certa derrisão, como se se esperasse um choro convulsivo ao fim de sua empolgação ruidosa e aparecida. E, de súbito, senti doer o coração por uma espécie de nostálgica perda, como se percebesse na alegria juvenil algo de inerentemente triste.

Essas impressões fizeram sossegar o meu orgulho ferido, porque de uma maneira inesperada eu havia relativizado o riso em fausto dos meninos. Saí estimando seu entusiasmo como manifestação da idade inexperiente e ingênua, deixei-os guardando na alma pesada um alívio arrogante e desdenhoso, voltando para dentro, enquanto em meu íntimo demorava para me desvencilhar da nostalgia de meus anos idos e encontrar-me nos companheiros de meu tempo.

Ah, severa e áspera é a memória quando nos faz recolher no passado tantas lembranças que nos colocam diante de nossa mesquinhez! Vejo agora mudamente como foi pequeno de minha parte diminuir a alegria dos jovens. Na verdade, eu invejava a juventude, invejo ainda o prazer que eles podem sentir e eu não mais, e sei que não estou sozinho, tenham certeza. Os velhos invejam, invejamos, os sentimentos fortes dos jovens, da ilusão dos jovens — ilusão, seja mas como a sentem intensamente! Por mais que digamos à boca pequena que a juventude é iludida e logo cairá no mundo real, quiséramos nós continuar iludidos assim a vida toda e não perdermos a força dos sentimentos. Se isso não fosse verdade, repetiríamos nós, os velhos, para nos referir aos verdes anos, o estribilho: "os melhores anos de nossas vidas"?

Mais tarde eu fui compreender que há verdades para um tempo, há verdades para outro. Verdades dissonantes que habitam ao mesmo tempo em nosso ser e que nos permitem intuir, dentro de um significado imediato, acepções completamente opostas. Prova da existência de todos os tempos num só, mas que serão somente divisados quando o homem estiver preparado para vê-los: o passado, o presente e o futuro, a um único golpe de vista.

Quando a festa chegara ao fim. Não havia mais que uma dezena de convidados, os quais, em decisão coletiva, descolaram-se de suas cadeiras, levantaram-se resolutos e tomaram o caminho da saída, dispostos a irem para casa. Acabaram por se concentrar perto do carro de Butran, em quem, alto entre todos, as pessoas formaram uma roda a fim de se despedirem, e assim o fizeram através de um sem-número de ovações recíprocas e exageradas.

— Êh, Deni! Não se esqueça de que temos um encontro! — gritou ele, de modo que sua voz ultrapassasse a do restante, esquecido da hora, a conveniência perdida pelos excessos etílicos — Eu quero ir na janelinha, hein?

Olhei no relógio e retruquei-lhe que já passava das três, e que dentro de reduzido tempo já deveríamos estar acordados, se quiséssemos chegar a tempo de pegar o avião para Brasília no aeroporto de Congonhas, nas primeiras horas da manhã, para não falharmos com o compromisso firmado com parlamentares federais de nosso partido que nos receberiam na capital brasileira. Instantes depois, eu vi meus convidados partir e rodopiei satisfeito na calçada, pois iria finalmente me deitar.

Horas depois, aqui me encontrava eu, nesse mesmo aeroporto de Congonhas, onde ora me acho a remontar inúmeras passagens de minha vida. Via-me à beira de um balcão de café, depois de ter verificado se o vôo 4155, o meu e de Butran, estava dentro do horário. Próximo à hora do *check in*, comecei preocupar-me com meu velho companheiro, sujeito sistemático e avesso à quebra de horário como qualquer outra regra por ele estabelecida de antemão. Era mesmo neurótico em cumprir as horas firmadas e, por essa razão, quando não dei com ele no lugar e tempo estabelecidos, o insignificante atraso acabou por me assular no espírito um estado de forte apreensão. Perguntei-me se teria acontecido algo, enquanto me punha a dar um giro pelo saguão para ver se acaso ele me esperava em lugar que não aquele, porém debalde. Voltei ao ponto combinado a fim de não nos desencontrarmos e criar nele o seu peculiar mau humor por eu ter fugido ao acertado, convencendo-me enfim de que devia ser o trânsito ou contratempo outro que o segurava em atraso. E assim se escoaram os minutos, e, em se indo também a hora do *check in*, eu me vi de início me encher de ansiedade e depois me vir abarcar pelas más sensações de augúrios, uma vez que, submetido a mais de hora ao silêncio, pude auscultar melhor os sentidos e identificar a antiga e insólita sensação que prenunciava os acontecimentos estranhos, o temor angustiante que me fazia intuir o advento de grave incidente, a inefável sensação de compressão, como se me tivesse fechado em ambiente sufocante e apertado.

De repente, senti-me abater por forte baixa de vitalidade e segurei-me no balcão com medo de que fosse desmaiar. Foi feito um choque anímico, contudo de efeito sutil e muito breve, ainda que eu não me sentisse como antes, completamente recobrado dos sentidos, pois me envolvia sutil impressão de não estar inteiro em mim, como quando acabamos de acordar e ainda não nos encaixamos direito dentro de nós.

Ah, lá vinha ele, pensei exultante quando o vi entrar no saguão e já de imediato comecei a zombar de minha imaginação, de minha "ultra-sensibilidade", qual! Superstição, superstição barata, e provado ficava que a expectativa premonitória não passava de fruto de mentalidade fértil, visto que sempre sentimos apreensões em toda a hora, e quando se dá alguma ocorrência negativa depositamos à coincidência uma explicação sobrenatural ao que de real nada existe. Lá vinha ele, afobado, com seu quadrado corpanzil, coleando por entre os vácuos formados pela multidão e olhando para as pessoas com esquisita fixidez, como a procurar-lhes nas feições algo de muito importante. Estranhei a forma arisca, a maneira suspicaz com que virava o rosto para os lados, como a escapar de alguém que o perseguisse em meio ao aglomerado de pessoas, e, quando botou os olhos sobre mim e percebeu-me levantar de um salto do banco do café em arrebatada satisfação em vê-lo, ele soltou longo e quase doloroso suspiro de alívio. Ao chegar na altura de eu lhe enxergar as pupilas, reparei-as dilatadas, ao mesmo tempo que seu rosto era lavado de transpiração.

— Aconteceu alguma coisa, Butran? Não respondeu de pronto, ficou apenas parado sem qualquer reação à minha frente, enquanto eu notava que estava completamente encarcerado em seu mundo mental. "Deni..." disse uma vez, depois outra, olhando para um lado, para trás, absorto e absorto nos pensamentos de alguma coisa, acontecida talvez a instantes nas imediações do aeroporto, ao que me deixava supor algo grave diante de sua imersão inarticulada.

— Deni... — chamou-me pela terceira vez, agora já com sua expressão mais atida na minha, o rosto pendurado sobre o meu, fazendo-me sentir um arrepio que me correu dos pés à cabeça, ao tempo em que me impressionava o olhar vívido e arregalado, nada típico nas feições paradas e mortiças dele — Eu sonhei com meu falecido pai...! Ele estava me chamando, eu...

Mais um angustioso arrepio correu-me a espinha, e procurei me aprumar em maneiras de homem e sufocar a intuição impertinente que me avisava sobre alguma coisa de muito esquisita no ar, e que eu não podia identificar, se boa ou ruim, por acontecer ou ocorrida. Um pesadelo, respondi-lhe apenas à procura de o apaziguar, enquanto mal a mim lograva acalmar, e complementei que ele havia comido muito ontem na festa e teve um pesadelo, era tudo, não precisava mais se ocupar com isto, melhor seria irmos verificar a passagem e fazer o *check in*, pois o vôo...

— Saí correndo, correndo com todas as minhas forças — replicou ofegante — e tinha a nítida impressão de que não dava um passo, ele todo o tempo em minhas costas, eu o sentia, eu...

Súbito, ele não pareceu ver-me mais, posto que incidisse os grandes olhos em meu rosto e me assustava. Virou-se bruscamente para a direção oposta e se encaminhou ligeiro ao corredor, eu apanhei minha valise deitada sobre a banqueta ao lado, segui-o de alguns metros e em poucas pernadas ele alcançou o aglomerado de gente no interior do salão de desembarque e... Ele desapareceu, eu o perdi de vista. Assustei-me com a forma súbita com que o perdi, pois estava a poucos metros dele e, na fração de segundo em que desviei a atenção para um cavalheiro abobalhado à frente a obstruir-me o caminho, simplesmente ele sumiu de vista e não o circunvi em parte alguma... Suposto que devesse estar coberto pelo aglomerado, não consegui obstante entrever o menor pedaço de seu corpo entre as móveis lacunas de gente, o que me deixou a cismar em como teve tempo de o fazer se eu estava em seu encalço, de sumir se não havia lugar em que pudesse seguir adiante do salão nem ainda ter-se evadido pelo corredor lateral para onde eu o veria com certeza, pois não se concentravam por aí tantos transeuntes em que ele pudesse se imiscuir e se ocultar. Aflito, quis confirmar o que tinha por certo e entrei para a sala de desembarque, invadi os pequenos escritórios contíguos dos funcionários e apenas sosseguei ao me assegurar de não haver passagem outra senão a que levava à pista de vôo, para onde também me obstinei em dirigir-me, valendo-me de minhas franquias parlamentares, até que finalmente confirmasse ao fim o óbvio: Butran não havia se conduzido para lá. Eu estava louco ou o homem havia sumariamente evaporado. Voltei para trás e me deixei ficar ali, no limiar do salão de desembarque e do corredor, já desesperançoso de achá-lo ao cabo de considerável tempo, acompanhado apenas de uma sensação desagradável e bem inexplicável de angústia tamborilando-me o peito, circunstâncias que me deixaram com forte impressão e me esvaziaram por completo qualquer ânimo de seguir viagem. De todo modo, muito intrigado, ainda me dirigi para a sala de embarque, em que me acerquei de sua ausência, e só então virei em disposição definitiva para a saída do aeroporto, em que tomei o primeiro táxi que me apareceu pela frente.

Despachei o motorista e entrei em casa, dando com as feições de viva surpresa de Marisa, que me interrogou de entrada sobre a razão de eu não ter viajado. Ignorei-a pela falta de ânimo em esclarecer coisa que fosse, subi para o quarto e me deitei na cama, enquanto esticava o braço para apanhar o aparelho telefônico e me comunicar com Butran, ansioso em lhe pedir explicações sobre todas as esquisitices que se sucederam no aeroporto.

— Então o senhor não sabe? — disse-me D. Margot, uma velha agregada da casa que fazia as vezes de governanta depois que a

mulher de Butran havia falecido há alguns anos. — Ele morreu nesta madrugada, senhor... Senti um baque paralisante em meu peito, que depois se derramou pelo resto de meu corpo, enquanto ao longo de razoável tempo nem eu nem ela demonstrávamos motivação para trocar palavra. "Senhor?..." inquiriu-me ela somente ao cabo de um minuto. Tive um medo paranóico de lhe perguntar a que horas se dera o ocorrido, já algo advertido pela terrível intuição que eu quisera evitar de ouvir desde quando pus o pé fora da cama... "O senhor ainda está aí...?"
— Como aconteceu?
— Ele voltava para casa, vinha de uma festa... — ela pareceu respirar para reunir as forças que, visivelmente, lhe faltavam — E teve uma parada cardíaca no caminho para casa. Foi levado ao hospital, mas... Ele...
Desliguei.
Hora mais tarde fui acordado pelo telefone. Era Aimar, outro vereador, nosso partidário, que me avisava sobre o falecimento de Butran e relatava-me sobre todo o acontecido. Estava com ele no carro, para quem, aliás, dava carona, ao saírem de minha festa e assistiu a tudo, apavorado, o instante da morte de Butran, desde o momento em que este soltou um grito abafado, prensando o coração com as mãos garreadas, e quando deixou cair o queixo no peito, foi tudo muito rápido, não sofreu muito, um enfarte fulminante, não pude fazer nada, chegou morto no hospital e... Que horas? Por volta das três...
— Deni, Deni!... Você está aí! Denisário!
Bati o fone no gancho, enquanto sentia ondas de arrepios percorrerem-me o corpo todo. Um medo, um pânico mesmo apossou-se de mim ao pensar que estava sozinho no quarto, e desci para as salas desembalado, em pressa só, desesperado em achar minha mulher que, porém, não se via mais em parte alguma da casa. "Marisa! Onde ela está?" falei, quase gritei, para o jardineiro que não me soube dizer. Meu Deus! Eu não podia estar ficando louco, eu o havia visto depois de ele ter morrido, não era possível, não era possível! Entrei na parte recuada da casa, onde estavam os seguranças jogando carteado, e me sentei afastado deles, servindo-me primeiro de uma dose transbordada de uísque junto à piscina. Lembrei-me do olhar de Butran, havia um embaralhamento de exaspe-

ro em seus traços, estava fora de si, recordei a súbita fraqueza e vertigem que me abateu minuto antes de ele chegar... Oh, eu precisava achar Marisa, eu precisava; urgia que eu me desabafasse com alguém, essa solidão agravava o meu pânico. A contragosto, inventariava na memória cada movimento ou palavra de meu velho companheiro e padrinho de vereância, corria em minha mente suas palavras sobre o pai, céus, então era possível que esse homem estivesse morto?! Mas, se morto, como pude tê-lo à minha frente, vê-lo como o mais vivo dos homens bem diante de meus olhos e, se morto mesmo, não deveria eu enxergá-lo da forma como supomos enxergar os mortos, digo, com a configuração meio diáfana, etérea, fluida, flutuante...? Não, não ali, não ele estava compacto e afogueado pelo sangue que lhe pulsava pelas veias, era ele em absoluto, qual sempre fora, vivo, vivíssimo, e no entanto não era possível que estivesse ali, mas no hospital, ou antes em recinto de velamento, porque morto há horas quando de nosso encontro no aeroporto, fato ao qual eu não podia nada opor e que me fazia indagar com horror: o que eu havia presenciado, meu Deus?! Ou seria sim outra pessoa a quem eu tomava pelo Butran... Não, que digo, ele havia me reconhecido, chamara-me pelo nome, falara comigo...! Ah! Eu enlouquecia...

Passei a alimentar outra hipótese para desafogar-me de incômodas e perturbadoras conjecturas. Pregavam-me uma peça, só podia ser isso, e tão logo eu saísse de meu quarto e me dirigisse para a Câmara, lá encontraria Butran, com seu riso mais acintoso se maior fosse o meu susto em revê-lo. Uma peça urdida por ele mesmo, só podia ser. Claro, por que não pensei nisso antes? Foi que, todavia, meus companheiros de partido me ligavam e reiteravam o pedido de Aimar para comparecermos ao enterro à noite, convictos, graves, fazendo-me convencer do contrário, a bambear a hipótese de brincadeira. Liguei o televisor da sala e, não satisfeito, o rádio, conseguindo ser noticiado por matéria pouco extensa ao fim de frenética garimpagem entre canais e estações e informar-me sem mais apelo que Butran estava realmente morto.

Quando chegou a noite. Nem sei bem como passei as horas predecedentes ao funeral, dos piores momentos de minha vida, por certo, mas chegou a noite, e o instante para vestir-me e preparar-me para o enterro do colega de destino. Subi as escadas já trançando os pés pelo acúmulo de álcool que ingirira, momento em que Marisa chegou, de quem guardei certo rancor injusto por me sentir abandonado. Meia hora mais tarde, encontrei-a no jardim, contei-lhe tudo, e ela ficou sensibilizada pela morte do político, embora não tivesse muito contato com ele, brotando-lhe uma lágrima em seu olho direito, a qual teimou em não cair. Quando lhe disse que deveríamos nos apressar, ela olhou para suas mãos, porque segurava uma vareta de bambu, com a qual desbastava o torrão de terra nas raízes de um bonsai. "Ah... eu... eu estava justamente no replantio..." — murmurou, como a dizer que não podia parar e deixar a planta ornamental fora do vaso, mas, diante de meu silêncio pesaroso, logo se pegou em atitude reprovável e recompôs-se, dizendo que estaria pronta em instantes, e foi chamar o jardineiro para que ele continuasse o cultivo.

Ali estava Butran afinal, envolto em um clima de comoção verdadeira dos colegas políticos, apesar de tudo. O féretro ainda se via exposto no velório do cemitério, e eu me alinhei à fila dos que desejavam ver pela última vez o rosto maciço e inumano de Butran pelo postigo envidraçado do tampo, para então confirmar de maneira irrevogável a sua morte nada fictícia, repugnando-me um pouco a brancura mortiça e adiposa que lhe realçavam os traços sulcados, parecendo, em tom e jeito, azinhavrados.

Foi um funeral bonito, pomposo, com discursos emocionados, com cobertura pela imprensa, com a presença de estadistas de peso, com um cortejo fúnebre remarcável, um séquito distinto e famoso ao qual me coube um espaço e uma alça e, ao fim da alameda de mármore, a cova. No momento em que enfim o caixão foi descido à tumba, trocamos sem intenção, eu e outros políticos, um olhar significativo e, no instante em que meus olhos acertaram a figura do suplente Pompeill, o qual seria conduzido à vereância pela *ex autoritate legis* e não, como pensava, pelo voluntário afastamento de Butran, já um quase candidato à prefeitura da cidade por nosso partido, senti o alívio sincero de não ter de disputar com ele a candidatura, pois não queria perder a única amizade verdadeiramente estimada por mim nos círculos políticos. As exéquias e o ofício litúrgico rezado pelo sacerdote católico foram céleres e de sóbria dignidade, como se ele soubesse que envelopava a alma de imenso cético. Saímos mais rápido do que imaginávamos, chegamos em casa mais cedo e Marisa ainda encontrou tempo para cuidar de suas plantinhas.

Nas semanas decorrentes à morte de Butran, tive muitos pesadelos e despertei com o meu pijama todo amarfanhado e umedecido pelo suor, deixando aparente toda a conturbação por mim passada ao longo da noite. Noutras feitas, sonhava, ou talvez escutasse de fato, com a voz dele me chamando, e em seguida sentia o toque gélido de uma mão defunta pegar na minha, o que me fazia acordar gritando em meio à madrugada. Por tudo isso e por seu sono, Marisa resolveu pedir a Flavinho, "que mexe com esses negócios", para tentar conversar, "lá com aquele pessoal" que estava envolvido, se porventura havia algo a fazer para solucionar os fenômenos aterradores de vez para sempre.

Eu de mim, não queria escutar ninguém. Após um primeiro período em que passei baqueado pelo incidente, sublevou-me forte sentimento de aversão às ocorrências extraordinárias, e eu me insurgia ainda mais contra Deus, em quem não acreditava e para quem rogava minhas pragas, além de agredir verbalmente os médicos e estudiosos que não me sabiam ajudar ou dar-me resposta plausível ou solução definitiva sobre os fatos inexplicáveis. Apenas a política, os jogos e estratégias do poder, a iminência de eu ser indicado pelo colegiado do partido como candidato à prefeitura de São Paulo me davam algum alento ou, antes, me integravam no mundo do aquém.

Dias mais tarde, fui-me assentando, os sonhos tétricos passaram a rarear, e os acessos de ira e inconformismo com relação à vida foram se apaziguando, muito embora todas essas solitárias e interrogativas experiências do período recente, e mais as passadas, ainda me continuassem a torturar a alma. Para que tudo isso, para quê, indagava, deitando a testa sobre a mão.

Quando isso tudo iria acabar, quando os incômodos fenômenos iriam me dar paz? Limpei o suor que escorria de minha testa, enquanto não encontrava posição no sofá. O que significava tudo aquilo, por todos os diabos? Alguém saberia algum bendito dia me dizer?! Marisa, onde estaria?

Flavinho apareceu na sala, manteve-se parado sobre o batente da porta sem eu o perceber, fitou minha cabeça branca e apiedou-se de meu jeito, eu com a bochecha deitada na mão, sozinho na sala, à meia-luz. Não o notava tal o mergulho em minhas indagações sobre o sentido de tudo, assim como era profundo o questionamento a respeito de minha forma de conduta até aquele instante na vida, e a teimosia em fugir de uma avaliação mais detida sobre a superficial, frívola, dionisíaca visão de mundo, compreendendo-se aí a obsessão em negar o propósito dos fenômenos sobrenaturais, ocorrências terríveis que me afligiam, que ao longo de toda a minha existência atingiram-me, agastaram-me, e que ali chegavam ao limite do suportável. Mas quanto mais eu vivia, mais as coisas da vida pareciam-me estranhas, nada parecia ser real, tudo se me afigurava um imenso absurdo! Pessoas pensam que os céticos são os indivíduos que não acreditam em Deus ou na vida depois da morte. Nada disso. Os céticos são os que não acreditam na vida antes da morte, pois não querem viver mais. Viver para quê? Mais sorte tem aquele que não nasce e, se nasce, é natimorto. Avistei Flavinho nesse momento.

— A vida continua, papai. — disse-me ele, colocando a mão sobre meu ombro.

Deixei cair a cabeça em grande suspiro.

Ele fez a volta no sofá e encaminhou-se até a poltrona, em frente de onde eu me acomodava, sentando-se.

— Eu sei que é difícil de acreditar. Mas se você entender o que está acontecendo, isso vai fazê-lo sentir-se melhor.

Permaneci impassível e sem encontrar palavra que valesse, esvaziado por um desânimo frustrante, quedo fundo no sofá, fito em Flavinho, em cujo rosto captei súbita expressão de desespero que, com toda certeza, rebatia a expressão de minha triste fisionomia. Ele podia sentir que eu vivia dias de intenso abatimento e o aconchego de seus olhos, como o zelo de sua voz, me preencheram muito mais que todas as palavras ditas por ele e as quais eu nem escutava. A ternura de sua manifestação de sincera solidariedade aqueceu meu coração, e, se em outro momento eu o agrediria com minhas posições céticas e desrespeitosas, deixei-o falar, falar, e falou, aqui nem mais me importando se ele deixasse escapar eventuais dedinhos de censura à minha teimosia ou se enqueixasse um ar professoral para me explicar sobre a causa dos fenômenos e ultrapassasse o limiar de hierarquia que eu havia sempre imposto entre mim e meus filhos. Falou sobre a razão ética subjacente às manifestações, falou sobre o desenvolvimento das capacidades desconhecidas como instrumento para os indivíduos chegarem ao aperfeiçoamento moral, uma vez que são levados a um contato mais estreito com a espiritualidade. Falou sobre o grande sentido de deixar emanar e de educar tais forças extra-sensoriais, com a finalidade de conseguir operar a cura das pessoas doentes de corpo ou para colocar-se como veículo de transmissão das mensagens dos espíritos destinado às pessoas doentes de alma e, dessa forma, abrir em si mesmo um canal de maior sensibilização, de humanização. Eu jamais fora tão receptivo ao meu filho como naquele breve instante, jamais havia-lhe prestado atenção do modo humilde como ali o fazia, não movido pelas suas palavras, as quais nem ouvia direito, embora fingisse com muita sinceridade, mas porque tocado pelo modo carinhoso como a mim se dirigia e por sua inquietude com o meu sofrimento, inquietude de solidariedade que em seus atos transbordava.

— Pai — disse-me com seus grandes olhos úmidos, enquanto via sua atitude modesta de esfregar as mãos timidamente, inspirado pelo cuidado de não se mostrar sapiente, douto sobre o assunto que conhecia muito melhor que eu — Pai, desenvolver a mediunidade presta-se apenas para reconhecermos na dor dos outros a nossa própria e encontrar com isso uma atitude mais piedosa com relação às fraquezas humanas.

"Desenvolver a mediunidade presta-se apenas para reconhecermos na dor dos outros a nossa própria e encontrar com isso uma atitude mais piedosa com relação às fraquezas humanas" — a primeira coisa que eu realmente atentei, desde que ele começou a falar.

Explicou-me que eu havia presenciado um fenômeno raro, raríssimo, com relação à morte de Butran. O meu velho amigo havia sido acometido de enfarte letal e, vendo-se a si mesmo como espírito desencarnado, desprendido de forma assim abrupta do corpo e deparado com o outro plano e seus viventes, entrou em choque.

— Aí, correu para quem ele tinha afinidade e se via inconscientemente ligado pelas forças mediúnicas. — complementou Flavinho.

— Quer dizer, ele se achegou a mim? Porque eu podia senti-lo?

— É, pai. Você tem potencial para isso, é sensitivo o bastante para entrar em contato com os espíritos. Talvez ele tivesse tentado falar com outros, mas só encontrou em você a receptividade necessária...

Cortando-o, repliquei que havia visto Butran como eu estava vendo meu filho ali, perfeito, tangível, sem a diafaneidade que aparecem os fantasmas. Flavinho esclareceu-me calmo e paciente que eu havia com muita probabilidade visto um "agênere", quer dizer, o espírito materializado. Isso ocorre quando o corpo físico do médium tem extraordinária capacidade de metabolizar um material orgânico ou energia anímica, ainda desconhecida pela ciência do mundo, chamada de ectoplasma e presente em todos os seres humanos em maior ou menor escala. Por meio de processo complexo para o conhecimento do homem, o espírito toma da dispensação dessa energia do encarnado e opera a materialização.

— Butran só pôde entrar em contato do jeito que fez, por você ser naturalmente capaz de compor em grau suficiente o elemento ectoplasmático, pai.

Eu ainda tinha tudo por conhecer sobre tal instigante matéria e, segundo meu filho, uma vez dominado o conhecimento, poderia não só me livrar do problema como também dirigir o potencial para proveito de meu próprio crescimento humano.

Quando meu filho saiu e deixou-me com sentimento de alívio, ainda permaneci por tempos na sala semiclara, um tanto impressionado com seu conhecimento superior. Pela primeira vez prestava-lhe ouvidos e não combatia as suas posições espirituais acirrada e implacavelmente, sem dar-lhe chance, sem deixá-lo falar, pelo desespero de querer acreditar no que ele dizia.

Com efeito, eram assaz verdadeiras as suas palavras e encontravam recôndida ressonância na verdade por mim intuída, a verdade mais imutável e indestrutível que parece jazer desde sempre dentro dos "recessos da alma", calada, paciente, à espera de que o indivíduo desbaste todas as condições periféricas que o conduzem, sejam que sejam, família, sociedade, pátria, a roda da história, as tramas do destino, para então, só então, se entregar inteiro a ela, a essa verdade inexorável que espera, espera, espera, absoluta pela certeza de que o ser não lhe pode resistir e, se assim ainda ele pára à porta e se pergunta: eu não sei se devo me entregar à verdade, ela lhe replica, quando estiver pronto então e, se o indivíduo ainda hesita, ela lhe acalma: pense um pouco melhor, estarei sempre lhe esperando, agindo à semelhança de um velho homem que bate o cachimbo e aperta o fumo novo no bocal com infinita calma para, em seguida, o acender e só então voltar-se a seu interlocutor, estarei sempre lhe esperando, meu filho. Assim é a verdade, como a mim fez ver Flavinho, e eu agora deveria aceitá-la. Aceitá-la pela compreensão de que os fenômenos extraordinários não formam um empecilho em minha vida e contudo sim um meio de me aproximar das pessoas, de compreender seus medos e limites, de me solidarizar com elas, vendo nelas as minhas próprias fraquezas, dando ocasião de me aproximar de Deus não por intermédio de valores doutrinários, mas pela única ética realmente permanente, a ética da sensibilidade.

Saí da sala para entrar em alguns dias de plena paz, mais restabelecido comigo, curado, senão de tudo, quase, da perturbadora insônia do período compreendido entre a morte de Butran e a conversa com meu filho mais novo. Reiniciei meu trabalho na Câmara, mas não negligenciei em ler alguns capítulos de livro que tratava sobre a espiritualidade emprestado de um colega, um companheiro eventual de clube de campo, entre um *set* e outro do jogo de tênis. Embora não lesse muitas páginas. Atravessávamos, nós políticos, agenda cheia, repleta de negociações, alianças e cizânias, vez que se aproximavam as eleições e urgia ao partido escolher em convenção próxima o candidato a prefeito.

A semana não transcorreu de outro modo; a candidatura absorvendo-me por completo, pois em nenhum outro momento de minha vida estive assim tão próximo de ocupar a prefeitura de São Paulo, em nenhum outro tempo pude quase tocar o cargo, que representava a própria tangibilidade do poder, cuja posição uma vez alcançada era qual o aglomerado de gente em porta de salão, em que o sujeito, sendo ou não benquisto, havendo entrado, ninguém mais lhe inquiria do convite e lhe tirava da festa política e, à chegada do sábado, exaurido em todas as forças, bateu-me a vontade de seguir viagem para a ilha. Inda que insistisse, Marisa declinou do convite de acompanhar-me, porque já se via comprometida em sair com uma amiga para fazerem compras para a filha desta, que iria viajar para a Europa e ainda não tinha fechado bagagem apropriada para os rigores climáticos do hemisfério norte. Não reclamei da ausência dela, por me achar animado em saber que meus filhos lá estariam e por estar um tantinho saudoso de Gabiinha. Segui viagem e lá estando, todavia, não soube do paradeiro de Bob, que deveria encontrar-se com seu colega piloto em qualquer das praias das cercanias, assim como pouco me entreti com Flavinho, o qual não pôde me dar muita atenção porque estava dividido entre amigos convidados. Acabei por procurar Gabi e, para não levantar suspeitas em meus filhos sobre minha relação com ela, que, embora de íntimo pouco tivesse, de prudência em demasia ninguém morreu, antes viveu, peguei-a e levei-a para conhecer meu irmão no interior do Estado, onde pudéssemos passar com o relaxo da privacidade, afinal, meu irmão não via minha esposa há anos, nem mostrava pruridos de querer vê-la, ela que se superava em termos de indiferença com relação ao cunhado.

Fiquei feliz e dobrado em ânimo quando chegou a segunda-feira, como, aliás, de ordinário ficava. Todos detestam o primeiro dia da semana, eu, contudo, agora me apercebo do revigoramento de meu estado de espírito à simples proximidade dos dias úteis, bem como reparo no quanto me convencia de que gostava de sábados e domingos, sem gostar de fato. Há muito não sentia o prazeroso misto de alívio, de agradável cansaço físico e de ansiedade quando chegavam as últimas horas do expediente de sexta-feira. Chegou a segunda-feira, dizia. Fui para o diretório central de meu partido, um monumental casarão dos Jardins pertencente a poderoso e tradicional banqueiro, em que eu esperava compor com as lideranças de meu partido, de maneira a promover o lançamento de minha candidatura, franqueado pela morte de Butran, e agregar as últimas facções resistentes. Ainda havia um nome a superar, o de Aimar Freire, o mesmo vereador que há algumas semanas veio anunciar-me a morte de Butran, e de quem eu ora esperava o anúncio de sua morte de intenções.

— Espere aqui, Deni. — disse-me, quase sussurrou Campos Rosa, o banqueiro, proprietário da casa.

— Aimar está lá dentro. — explicou outro, um sujeito jovem, mas de ar ladino, que fazia as vezes de meu articulador político.

Havia algo de escuso e solene no tom de voz dos dois, bem como de suspicaz na proximidade excessiva de seus rostos para me falar, como também de astucioso no pousar de suas mãos em cada um de meus ombros, que acentuava o aspecto estratégico, quase marcial, da disputa de cargo político. Convenciam Aimar a ceder à minha candidatura numa sala em separado e seria "de bom tom" se eu demorasse por instantes em aparecer.

Caminhei sobre suntuoso salão ouvindo meus passos cadenciados ecoarem por entre as robustas e enceradas colunas do imenso salão, todo rodeado de nichos com simulacros esculpidos em mármore. Vi minha silhueta refletida nas colunas e acompanhei intermitentemente o meu andar ereto e majestoso, enquanto minha sombra oblíqua se derramava pelo chão até dobrar-se pelo ângulo formado com a parede, tomando o meu corpo uma conformação aristocrática e imponente. Pensei em como nós, os ricos, passeamos por entre os pilares de nossos palácios e ainda sentimos uma atávica impressão de sermos diferentes do resto dos mortais, que somos de alguma forma escolhidos ou eleitos por nossa distinção, capacidade, superioridade moral ou intelectual. Por mais simples que sejam os donos do poder do mundo, existe em nós constante e recôndito sentimento, que faz lembrar o direito divino dos reis ancestrais, embora alguns de nós tenham dissimulado muito bem a ponto de passar à posteridade uma existência despojada de elitismo.

Horas se rolaram sem que os meus correligionários mostrassem avanço substancial nas negociações com Aimar Freire, e ao fim do dia decidi-me em ir para casa, já que não tinha outra coisa a fazer senão sofrer o desgastante compasso da espera, podendo lá me acomodar em meus ambientes, servir-me de meu próprio uísque e onde não me afligiria ver as idas e vindas dos companheiros entusiastas de minha causa pelas câmaras da impressionante mansão. Cá, sob meu teto, tentei relaxar, mas a apreensão resolveu me acompanhar por todo o caminho e não me dar sossego nem nos limites de meus domínios. Tentei ler o Evangelho, mas não fui além das primeiras páginas, pois minha mente estava toda num gesto de cabeça de Aimar e nas articulações políticas do partido.

Dias depois a composição havia sido adiada por instâncias agora de candidato de outro partido, mais sólido e poderoso, que nos seduzia com vantagens promissoras para nossos quadros partidários. Retomamos às lides parlamentares sem que nada ficasse decidido e a semana transcorreu assim, morna.

Em casa, na noite de sexta, notei que Flavinho havia se ausentado por dias seguidos e soube por Marisa que saíra em viagem para a ilha duas vezes ao longo da semana útil e me pus à conjectura que devesse cozer algum plano para aquelas paragens. Bob poderia encontrar-se em casa, ou não, não sei, ele era sempre tão ausente, enquanto o silêncio de Marisa me irritava, circunstâncias pequenas e demasiado costumeiras, mas bastantes para me fazerem sentir a irriquietude e me dar comichões de procurar algo para fazer que não as questões políticas travadas nas extensas salas da mansão Campos Rosa, donde eu me via já de fastio. Tive a idéia de ler um pouco... O Evangelho! Sim, eu havia prometido a mim mesmo em criar o hábito constante de leitura a esse respeito, para em seguida procurar um grupo confiável que pudesse me ensinar os procedimentos de como dominar os estranhos fenômenos. Encaminhei-me resoluto para meu escritório e apossei-me do livro, e no instante exato em que o abri, ouvi tocar o telefone, o que imprimiu sibilino aspecto no propósito de leitura do livro sagrado.

— Deni? Corra para cá, o homem cedeu!

O homem cedeu, pulei da poltrona já direcionado para a porta do escritório, o Aimar, cedeu! Hora mais tarde, eu era rodeado por uma infinidade de camaradas de partido e de alguns pára-quedistas de outros dentro de uma ovação ensurdecedora em meio de discursos que, embora eventuais, ardiam e ecoavam pelo enorme pé direito do salão de festas da casa de Campos Rosa. Via-me acomodado em mesa imponente e esticada por vários metros de comprimento, a qual, não fosse na mansão, se diria uma bancada feita de ocasião para assentar toda a liderança do partido, mas que ali, naquela casa nababa, era peça harmônica e até indistinta. Sentado à minha direita encontrava-se Campos Rosa, à esquerda, Andrea Massi, o caixa de nossa campanha e atrás de mim, depositando em meu ombro a mão branca e feminina, o reputado Mendes Felippo, conhecido por ser proprietário da maior agência publicitária do país. Depois de serem consultadas as bases do partido, eu era por fim aclamado como o novo candidato à prefeitura da cidade de São Paulo, urbe problemática, mas poderossíma. Qualquer político com mínima experiência sabia que o cargo era a reta mais reta para se chegar ao Planalto.

Contudo, em seqüência à definição do candidato, houve uma abrupta parada que jogou o partido em inconcebível marasmo, pois estávamos todos abatidos em razão do desgaste natural decorrente das negociações, e parte substancial dos integrantes da cúpula resolveu licenciar-se por alguns dias e foram à cidade de Nova York, a fim de aproveitarem a liquidação de inverno, de forma a estarem todos, e sobretudo suas esposas, alinhados com as últimas tendências *fashion* para a próxima estação. Eu, por meu turno, não gostei muito, pois as calmarias, antes de serem-me benéficas e embora sempre ansiosamente desejadas, assustavam-me à simples iminência de acontecerem.

Destarte que, nos dias subseqüentes à balbúrdia instaurada no partido para me efetivarem candidato, se estabeleceu em minha vida um curso de tempo desinteressante, desagradável, imóvel, lento, em que eu ficava procurando que fazeres, buscando entretenimentos, coisa qualquer a fim de suavizar os pesados ponteiros do relógio. Dois dias em que me encontrava nessa situação, já sem achar o que me pudesse distrair, resolvi voltar ao trabalho.

Encaminhei-me para meu escritório a fim de rever incisos e artigos de laborioso projeto de lei sobre o qual me debruçara período antes de começarem as demandas para a candidatura. Ao me encontrar, todavia, junto ao sopé da escada, ouvi uma gritaria vinda do quarto de Bob, dirigi-me ligeiro para lá e quanta não foi minha surpresa em verificar que meus dois filhos trocavam rancorosas e desabridas acusações, que os imantavam cada vez mais e os conduziam ao inevitável confronto físico, não fosse eu me pôr no meio deles, separando-os com esforço, até que se vissem apartados por mim e pelo respeito por minha autoridade. Também me alterando em ver dois tamanhos homens agindo como adolescentes mal entrados nas calças, inquiri-lhes do motivo da desavença e explicaram-me de modo confuso e ofegante que disputavam a ilha, a ilha!, quer dizer, Flavinho almejava abrir um negócio no lugar e batia de rijo com a objeção do mais velho.

— Até parece que a ilha é dele! — vociferou Flavinho — Está dizendo que não vai permitir que eu abra um bar lá, pai!

— A ilha é uma aquisição de toda a família, para descanso de todos! — respondeu Bob, colérico — Não é só para servir ao interesse de uma das pessoas!

A primeira coisa que me passou pela cabeça foi constatar como meus familiares não tinham muito sentido de família quando se tratava de laços afetivos, mas quão rígidos e pressurosos dispunham em chamar a si as ligações materiais do direito de sangue decorrido.

— A ilha é grande, posso mandar fazer o bar no outro lado, onde não incomodaria ninguém!

— E fazer mais um negócio falido, maninho?

— Ora, seu...!

Flavinho avançou contra o irmão, e eu, no impulso de afastá-lo, acabei por lhe arrojar contra a estante, o que o fez bater com violência as costas no móvel, que dançou por instantes, quase caiu e depois se endireitou, mas não se fez de rogado e terminou por desequilibrar os livros das prateleiras superiores, os quais vieram abaixo sobre a cabeça de meu filho. Flavinho acabou estatelado, sentado no chão, olhando para mim de modo absolutamente surpreso, como se ainda não houvesse assimilado o que eu lhe havia feito, tamanha sua certeza de estar com a razão. Subiu-me forte indignação quando pensei no Flavinho piedoso e contemplativo de há poucos dias e naquele diante de mim, cuja reação intempestiva colocava-o em grande contradição e, detratado, fazia-me sentir de certa forma traído e inamistoso a qualquer reinvidicação que ele pudesse me fazer. Então, não foi ele quem veio me falar para me tornar mais paciente, compreensivo, compassivo, melhorar-me como ser humano, compreendendo que as manifestações extra-sensoriais servem apenas para o burilamento da alma?

— Bob está certo! — retruquei, enquanto deitava o braço sobre o ombro deste e o trazia para fora dali, do quarto — A ilha não é lugar para fazer mais um de seus negócios esdrúxulos! Além do mais, quem irá lhe emprestar dinheiro para isso, Flavinho? Talvez, nessa sua cabeça sonhadora, você não tenha imaginado o custo do transporte do material de construção para a ilha, nem as despesas para manter os pedreiros lá, quanto mais o resto...!

— Pai, eu...

Puxei Bob de modo firme e deixamos Flavinho sentado, com os braços na exata posição em que ficou, abertos para buscar o apoio da queda, a olhar para mim com infinito desconsolo. "Deixe-o, filho, deixe-o". Disse para Bob, envolvendo seu ombro afetuosamente com meu braço, enquanto lhe tirava de seu próprio quarto de modo a por fim à discórdia. Coisa dura para os pais a briga entre o filhos. Mal chegados ao cume da escada, porém, Bob desvincilhou-se de meu abraço, que parecia lhe pesar nos ombros: "tudo bem, pai, está tudo bem agora", e desceu célere para os ambientes inferiores da casa, enquanto me dirigi para o meu quarto à procura de Marisa, a quem fui encontrar em saída de banho. Tive um primeiro impulso de relatar-lhe o ocorrido, mas acabei por fazê-lo com muita brevidade — eu não entendia por que não tinha vontade de falar-lhe sobre os problemas de nossos filhos — e entrei por meu turno no chuveiro, sem ânimo, sobretudo, de assistir-lhe ao desgosto no rosto dramatizado se tomasse conhecimento da discussão.

Enquanto eu estava em baixo da água fria, Marisa conduziu-se ao quarto de Flavinho. Ele lhe contou a respeito do ocorrido, da maneira autoritária de Bob lhe dizer que ninguém iria fazer nada na ilha, e ele, Flavinho, se irritou, pois fora até o quarto do irmão para conversar, mas o comportamento hostil e arrogante do mais velho a qualquer idéia que não lhe ajustasse nos planos acabou por fazer os dois erguerem cada vez mais a voz e declinarem de todo bom senso.

— Mamãe vocês estão deixando Bob fazer o que quer aqui em casa. Sempre deixaram. Ele está virando um cara voluntarioso, estragado. Precisam falar com ele, mãe!

— Ah, filho, eu já falei, eu já falei. Mas ele não me obedece...

Flavinho resmungou sobre a minha reação desigual diante do incidente, e Marisa contemporizou, opondo-lhe os meus mesmos argumentos de que o custo sobre tal empreendimento seria alto, além de tirar a privacidade da família, comovendo-se ao fim ao dar com o rosto lavado de lágrimas que o filho mais novo lhe escondia. Ela puxou a cabeça dele para si e lhe disse para não ficar assim, pois não deveria se afligir pelas dificuldades financeiras, porque seria sempre amparado por seus pais, além de poder contar com eles, o papai e a mamãe, não somente nos problemas materiais, mas acima de tudo no sentido emocional, mesmo que às vezes o papai lhe pareça alguém distante, ele é, no fundo, bom e sempre se preocupa em dar o melhor a vocês.

— Você não entende, mãe. — disse Flavinho, puxando o ar aos pulmões — Tudo o que eu queria era acertar algum negócio na vida para provar ao papai que nós não somos os imprestáveis sanguessugas que ele imagina. Que não estamos ao lado dele só porque não temos outra saída. Gostaria que ele visse que, mesmo muito bem de vida, estarei sempre ao seu lado, ao lado de vocês, mãe!

— Calma, filho, calma. Tudo tem o seu tempo. Virá o dia em que você será um profissional reconhecido e tudo acabará bem.

Quando me encontrava deitado, sem achar posição para dormir e ouvindo o ronronar sereno de minha mulher, me repassava mil vezes na memória a discussão de meus filhos. E de súbito abateu-me um pensamento preocupante, a circunstância de eu vir a morrer. Os dois brigariam pela propriedade e poderiam afastar-se em definitivo. Um rancor oriundo de orgulho ferido me subiu às idéias ao me questionar sobre o motivo de Flavinho não evitar a desavença, ele que se estimava a si uma alma evoluída e evangelizada e arrogava o direito de objetar minhas faltas de conduta como se ele fosse um sujeito muito acima de seu pai e do resto da família, como se pudesse apontar nossos erros morais e se colocar como orientador espiritual de toda a família Cimeoni. Bob era mais verdadeiro, mais sincero, e por isso eu o admirava, como sempre admirei os homens que não dissimulam querer o que todo mundo quer, toda gente almeja, fincar-se numa posição financeira invejável, ter muito para gastar, ter de sobra para realizar todos os sonhos enrustidos no cerne da vontade. Bob era como eu, queria pegar a vida com as duas mãos, queria tudo e agora, não disfarçava com a capa de despojamento, feito o irmão, sempre com ar desapegado das coisas, que ao fim e ao fundo escamoteava a incompetência e a falta da gana exigida pelo mundo para se conseguir o que quer. Tomei o partido do mais velho sem reservas e, como este não se encontrava em casa, desci para o escritório para lhe escrever uma carta, a fim de tranqüilizá-lo a respeito da ilha e de pôr termo ao desentendimento.

Escrevi: "Bob. Não há nada mais triste para um pai que ver os filhos se afastarem. O problema é a ilha. Não se preocupe, meu filho. O seu irmão vai lhe conceder que você fique com toda a propriedade antes que eu me vá. Não se aflija. O seu irmão é muito bom, é compreensivo, é o melhor dos filhos. Aliás, perto dele tenho sempre a sensação de estar devendo algo. Nem pode imaginar o quanto me sinto o maior dos pais em tê-lo posto no mundo". Olhei para o papel sentindo a raiva a me refluir à lembrança de que talvez Flavinho não contasse com grande longevidade minha e esperasse que, com minha morte, pudesse realizar seu estapafúrdio empreendimento. O espaço do bilhete acabou e tomei outra folha: "Por mim, Bob, eu daria a você toda a minha herança, pois seu irmão não tem a menor necessidade disso tudo, dos bens materiais. É um ser muito despojado, evoluído, está além do apego à matéria. Confie em mim, Bob, meu querido, em seu pai, que sempre o estimou e lhe depositou as melhores expectativas paternas. Irei dispor as coisas, e você poderá desfrutar da ilha da maneira que melhor lhe aprouver, e não permitirei interferências de ninguém, pois ainda sou o dono das minhas propriedades, de lá, como de cá. Não entre mais em discussão com Flavinho, peço-lhe encarecido. Confie em mim que o amo mais que tudo. Papai".

Fui até o quarto de Bob e coloquei o bilhete sobre o seu travesseiro, voltando ao meu quarto para só então conciliar o sono.

No quinto dia do recesso parlamentar facultativo determinado em hora última e de forma um tanto leviana por meus companheiros de partido, eu não cabia em mim pela ansiedade de voltar ao batente legislativo ou me ocupar com algo sistemático. Havia saído o dia inteiro, tomado algumas providências caseiras, depois ido ao clube de campo jogar alguma partida de tênis ou trocar amenidades com antigos companheiros, velhos retirados, e ainda assim cheguei cedo em casa, sem encontrar alma viva que não os domésticos e os seguranças. Que haveria acontecido com todos? Onde estaria Marisa? Àquela hora já deveria estar há muito em casa.

De novo, encontrava-me na sacada de meu quarto olhando para não sei o quê, só, oprimido. Para meu alívio, subiu-me ao ouvido passos e vozes de meus seguranças, que acabavam de fazer uma das sazonais rondas noturnas pela propriedade, para, em seguida, juntarem-se ao motorista, debruçarem-se os três à volta de pequena mesa, começarem a jogar cartas, até que então assim acomodados avistaram-me no piso superior da casa, de onde eu não saía. Ao fim de quarto de hora, perguntaram-me respeitosamente se não gostaria de juntar-me a eles, e eu bem reparei timbrar em seu oferecimento uma nota de piedade, que me humilhou de assaz maneira, pois já me haviam visto pelos cantos a procurar afazer e a indagar para essa e aquela empregada se alguém sabia de meus familiares. No entanto, aceitei o pedido, considerando que qualquer coisa seria preferível a essa monotonia insuportável da casa, além do carteado ser um meio eficaz de passar o tempo. Desci para onde estavam, mas antes passei em minha adega e peguei uma garrafa de uísque de primeira qualidade, de forma a não chegar com as mão vazias e um sorriso mole no rosto. Eles foram reconhecidos pela garrafa, mas não o quanto eu estimara. "Não tem copo?" perguntaram, lançando para mim um olhar ligeiro e logo voltando a atenção à distribuição das cartas, ansiosos em iniciar nova partida. Obrigaram-me a suster-lhes um olhar firme, até que um se dignasse a ir pegar os copos no serviço da piscina.

Incomodou-me a maneira insolente que me receberam — não tanto porque me haviam posto em seu nível, mas por flagrarem que eu me houvera posto antes — e então comecei a tratá-los com agressiva informalidade no decorrer das rodadas, que acabou por criar uma atmosfera esquisita e inatural, de ríspida e tensa alegria de parte a parte. Afinal, pensei, não me deviam eles certo reconhecimento por eu ter descido para lhes fazer companhia, tratando-os de igual por igual, sem considerar o risco que eu assumia em demanda da generosidade de quebrar o liame de respeito que deve existir entre patrão e empregado para o bom andamento das coisas?

Continuamos a jogar nesse clima seco, ainda mais acirrado pelo fato de me obstinar em não perder o jogo, o que significava para mim um acréscimo de rebaixamento, pois, quando eu perdia, sentia-lhes a satisfação nas gargalhadas, que se tornavam mais altas e insolentes na medida em que as feições de meu rosto tomavam as marcas caricatas do desgosto. A certa altura, capcioso e calculado, sugeri que as rodadas passassem a valer certa quantidade em dinheiro e entrei logo a apostar soma bastante acima das possibilidades dos modestos empregados. "Não, não, patrão. Aí fica ruim para nós!" reclamaram, enquanto eu me limitava a engessar uma expressão surpresa, fingindo uma contrariedade amistosa, mas altaneira. "Mas por que não?" insisti impiedoso, até que me dissessem que não tinham o dinheiro necessário. Poderíamos fazer apostas pequenas, eu sugeri, consciente de que não iriam se negar, pois já estavam com o orgulho a pino. "Até onde podem chegar?" Jogavam melhor que eu, mas como meu cacife era muito superior, aumentava as apostas até a sorte flertar comigo e acabava por limpá-los mais e mais. O jogo seguia em clima tenso, e eu continha um sorriso de satisfação cerrado pelos lábios, a ponto de lhes permitir um ou dois atos confiados com relação a mim, quando alguém observou o profundo silêncio da casa. Para compensar a animosidade crescente, lasseei a distância entre nós comentando com breve sorriso que me sentia bem quando me encontrava a sós, pois todo o homem precisa afastar-se por determinados períodos de seus filhos e principalmente da mulher, ao que um deles aproveitou para replicar, com a vivacidade ingênua e um pouco atrevida dos simples: "O senhor também não deve ser lá muito fácil, né, patrão?". Todos riram, eu também, entre contemporizador e indignado com a ousadia do subordinado, o que fez meu riso sair postiço, rouco, desagradável como o grito de uma foca estúpida. Nesse instante, ouvi o carro de Bob chegar e retirei-me do jogo.

— Se me derem licença... — disse recolhendo meu considerável ganho do jogo.

— Vai levar o dinheiro mesmo, patrão?

— Se quiser jogar de brincadeira não faça apostas em dinheiro. — repliquei e saí, deixando um calado ressentido atrás de mim. Verdade que mais tarde acabei ficando com pena deles, pois afinal lhes havia tirado de cada um mais da metade de seus salários, e fiz-lhes acrescentar uma gratificação de final de mês nos vencimentos.

Voltei-me para minha família e estranhei a circunstância de Marisa chegar com Flavinho e Bob, fato raro, os três no carro esporte deste último, que entrou pela alameda que conduzia à cobertura da garagem. Preocupou-me o modo zeloso de Flavinho com a mãe, ajudando-a a sair do carro e abraçando-a ao caminharem.

— Está melhor, mã?

Não ouvi a sua resposta, que deveria ter-se limitado a um breve aceno de cabeça, mas o que ouvi em seguida "papai não poderia ter feito isso", fez-me caminhar atrás deles e ocultar-me na sala vizinha em que estagiaram.

— Não podia... — repetiu Flavinho meneando a cabeça.

Feito o quê? pensei, mantendo-me dissimulado atrás de uma espada-de-são-jorge, em cujo ambiente pouco iluminado permitiame espiá-los com certa proximidade. Marisa levava um lenço ao rosto que mostrava a desfiguração de quem havia chorado, enquanto Flavinho sentava-se ao seu lado, com o braço passado sobre o seu ombro. Bob permanecia parado, de pé, perto deles, mas não voltado para eles, e não emitia palavra que fosse, apenas se reservava um ar sério e pensativo.

— Vocês devem perdoar o seu pai.
"Perdoar? De quê?"
— O que pretende fazer, mãe? — inquiriu Flavinho.
— Não sei. Sinto-me muito ofendida.
"Ofendida?"
Após longo silêncio, ela comentou que Jurema deveria ter ficado esfuziante de alegria agora. "Jurema!!!!", pensei, e logo tudo se me afigurou com solar clareza, confirmada pelo primeiro comentário de Bob, seguido de um suspiro nasal:
— Tamanho velho daquela idade com uma garotinha de quinze anos.

Tudo estava explicado. Minha cunhada, Jurema, a maldita maledicente, havia contado para Marisa sobre Gabriela, havia informado que eu lhe fizera uma visita ao lado da menina. Ah, a desgraçada, posso vê-la falando com minha esposa, posso ver seu jeito dissimulado, fazendo-se de sonsa, como se não soubesse que Marisa não sabia, apenas pelo prazer mórbido de fazer a concunhada sofrer o desgosto de ser traída. Bem que ela detestasse Marisa, e esta a desdenhasse imensamente em retorno, que tenho eu que ver com a desavença delas? Minha esposa, contudo, apesar das lágrimas deixadas pelo caminho, não inclinava sua fleumática compostura.

— Bob, acho que a gente devia falar com o papai.

Bob porém se mantinha de costas para eles, com o cotovelo sobre a perna, essa suspensa numa cadeira, enquanto se obstinava a olhar para a janela que fugia para a lateral ajardinada da casa, belamente iluminada pelos holofotes de jardim e para a luminosidade amarelada projetada pelo postinho ao centro do gramado que imprimia um clima romântico lá fora e profundamente contrastante com a atmosfera cá dentro.

— Esperem. Vocês precisam compreender o seu pai. E esse é um problema que ninguém pode resolver por mim.
— Compreender... — sussurrou Bob de forma tão profunda que assustou os outros dois.

— Sim, filho, compreender. O seu pai pode ter errado muito, mas sempre foi um bom pai para vocês, sempre lhes deu de tudo...
— Tudo? — Marisa se amedrontava quando Bob falava do modo como ali, imprimindo na voz uma entonação vaga e reticente, enquanto seu rosto jogado ao horizonte dir-se-ia de uma expressão friamente sardônica, mas a mãe intuía estes árticos traços fisionômicos sem vê-los e não havia coisa na vida que a fizesse temer mais.
— Sim, ele deu de tudo para vocês. — reafirmou ela, deixando escapulir breve vibração de desespero na voz — Deu-lhes estudo, formação, casa, comida, roupa...
— Você já viu os detentos? — disse ele brusco, virando-se para os dois que se mantinham sentados e que se entreolharam em face da indagação aparentemente sem nexo — É, os detentos.
— Como?!... — inquiriu Flavinho timidamente, enquanto via o irmão se aproximar e estacar bem às suas frentes, sem despregar-lhes os olhos enigmáticos, que produzia estranho e desagradável efeito em suas almas, fazendo Marisa recuar a cabeça alguns centímetros.
— Os detentos são todos um bando de pobres diabos que não têm onde cair mortos, mas não querem comer de graça, morar de graça, vestir-se de graça à custa do Estado. Preferem a liberdade, mesmo os que estão em regime aberto!
— O seu pai deu muito mais que os presos têm, filho...
— Deu! — soltou um riso breve e raspado — Acaso ele sabe o que é bom e o que é ruim? Um cara como ele que se debruça no prato de comida para comer? Acaso ele sabe o que tem à volta, o que é bom e o que é ruim? Sabe o que é viver? É apenas um sobrevivente.
Marisa não sustentou o olhar de seu filho, em que encontrava um brilho acerbamente pontiagudo que a fazia se sentir envergonhada, desnuda por força constrangedora e devassante que nem ela mesma sabia identificar com precisão de onde se originava, a razão mais íntima de sua manifestação, algo deixado por ela no passado que remontava à infância de Bob e a espreitava até os dias presentes, e que só iria entender em completude mais tarde, quando já se tivesse ido dessa vida. Como eu. Bob se retirou e deixou no ambiente espesso e sombrio silêncio, quebrado por Flavinho ao fim de longos minutos.
— Não fique assim, mãe.
Marisa levantou a cabeça, sempre com o lencinho sobre os olhos.

— Perdoem seu pai. Sei que foi apenas uma aventurazinha boba como acontece com os homens quando chegam a certa idade.

Antes de ouvir essa última frase, estava disposto a entrar e negar peremptoriamente toda a circunstância, de ir até as últimas conseqüências e me justificar e jurar e replicar que nada tinha com Gabriela, que jamais lhe havia relado um dedo, como era fato puro. Porém, ao me ribombar ao ouvido o compassivo pedido de Marisa "foi apenas uma aventurazinha boba", abateu-me tão grande desconforto que me fiz avistar por eles e deixei Marisa vir a mim com o simultâneo e discreto afastamento de Flavinho, até que ela inquirisse se acaso a tudo eu ouvira e se era verdade a história da relação extraconjugal ou passasse de maledicência só, que eu lhe esclarecesse pois, que ela sempre me respeitou como esposa... e eu preferi pôr tudo a perder, apenas me retirando sem dar-lhe mínima explicação, de maneira a confirmar as fofocas conspurcantes de minha cunhada e ficasse no ar como efetivado o ato de traição. Sabia que aquilo significaria um divisor de águas em nosso relacionamento, o qual jamais seria o mesmo dali para diante, mas ao mesmo tempo senti um misto de forte sensação de vingança e outra dose igualmente intensa de alívio. No fundo, eu a amava. Entretanto, me era, como me fora sempre, demasiado insuportável o seu "amor" desapegado.

Dois dias se escoaram dentro de absoluto silêncio de minha esposa para comigo, e eu em tempo algum senti o menor remorso pelo que havia feito, nem sinto agora quando relato essas passagens, não me perguntem o porquê. Doía-me muito mais, isso sim, o distanciamento de meus filhos, que, embora aos poucos se achegassem a mim, ainda não se viam dispostos a contato maior, e lá era eu outra feita lançado na mudez das distantes paredes de meu lar que, em demanda disso, do comedido movimento da casa, se me afigurava ainda mais extensa que era. Fui para a ilha no meio da semana, onde lá imaginei encontrar paz e onde não a encontrei. Também naquelas ilusórias plagas um desgosto me esperava. Ou desgostos, digo melhor.

De primeira, havia resolvido ir com o meu helicóptero, mas em seguida me decidi em pegar o carro, refreado pelo medo que possuía das viagens aéreas. Quanta paúra eu tinha de morrer, embora não fosse lá dos melhores amigos da vida... Coisa contraditória. Sucedeu, porém, que ao chegar no Iate Clube, onde se via ancorado o meu iate na parte continental e de onde eu sairia em mar e navegaria para a ilha, a minha tripulação veio me informar que o barco estava com o motor avariado, provocado com certeza por alta rotação contínua quando foi pela última vez dirigido por... Bob, não precisaram completar, e que requeria reparos urgentes se se não quisesse acabar de fundir os motores. Acerquei-lhes de alternativas para cumprir a viagem, resoluto em não voltar para trás, e resolvi o problema imediato, despachando-me para meu destino com um pequeno barco de motor de popa, recolhendo em mim o temor do mar às altas horas do dia ao preço de minhas bravatas com a tripulação, para enfim pisar em terra firme bem tarde da tarde, sem por ninguém esperado ou mesmo avistado. O pequeno barco voltava com seu motor pipocando atrás de mim, enquanto diante de meus olhos me defrontava a vista da ilha toda, estendida como um rosto deitado nos braços e a projetar em mim a impressão instigante de outras feitas, como a me penetrar e me escarafunchar sem licença os escaninhos de minha alma, e me tornando pesados os passos ao adentrá-la, devido ao incômodo de me sentir invadido.

Quando da casa de Gabriela eu me acheguei, ainda antes de ir para a minha de modo a pegá-los despertos, ouvi sua voz irritada a gritar "que porre!". E em seguida se estabeleceu outra vez o silêncio. É que discutia com a mãe, para variar, a qual primeiro eu vi através da janela, sentada no sofá, a deixar cair grossas lágrimas pelo rosto, estando a essa altura a filha recolhida ao quarto, e o velho pai Bartolomeu recostado a uma penumbra da mesma sala. O choro de Walquíria assinalava haver um incidente indesejado com a pequena, e já me pus no rosto uma preocupação paternal desde quando Jônata me abriu a porta. A mãe não me pôde explicar o ocorrido embalada que estava no choro de real sentimento e tão apenas me apontou para o quarto, dizendo-me em sílabas que a filha estava grávida. Em seguida me vi chocado com a atitude de Gabi, que irrompeu sala adentro a gritar com a mãe que esta não podia se meter em sua vida, da qual ela podia dispor como bem entendesse, pois não tinha o direito de nada a mim revelar, já que era bastante mulher para saber o que fazer ou não, e outras patacoadas.

— Minha Gabiinha? Grávida...?! — exclamei atordoado.

Talvez porque meu assombro tivesse se rabiscado com tal intensidade em meu rosto, todos se retiraram para os quartos, com exceção de Gabriela, assim agindo muito a contragosto, diga-se, pois também ela se teria evadido e me despacharia por certo sem dar-me maiores explicações. Ela se aconchegou no sofá de perfil para mim

e teria jogado as pernas para o alto como gostava de sentar-se, mas recolheu o impulso em último instante, uma vez lembrada da gravidade da situação. Eu me aproximei dela e lhe pedi para que me contasse tudo, sem me esconder nada, precisava confiar em mim, para quê devia me contar o ocorrido sem nada omitir, sei que talvez tenha sido uma experiência traumática, que o rapaz talvez tivesse abusado de você, conte-me tudo, mesmo que tenha sido algo ruim, conte-me, estou aqui agora, ao seu lado, como está se sentindo?
— Com fome.
— Quem poderia ser o devasso que se aproveitaria de uma criança?
— O piloto.
— Ele abusou de você! Ah, se ele abusou de você, eu...!
— Menos do que eu queria, mas abusou.
Olhei para ela com o maior espanto do mundo e deixei-me cair sentado na ponta do mesmo sofá.
— Minha Gabiinha não é mais virgem! — disse, cabisbaixo, corpo lançado à frente e balançando a cabeça — Minha Gabiinha não é mais virgem!
Ainda fiquei assim por instantes até que fitei a menina e me indaguei se possível fosse que tal não estivesse acontecendo, mas, pensando bem, se seu corpo jovem me atraía porque não atrairia outros homens, inda mais quando ela insistisse em colocar roupas sempre exageradas, em andar para todo lado com aquelas miniaturas de shorts e de bustiês, que mais eram tampinhas a vestes propriamente ditas. Reclamei, disse-lhe que ela também não devia se vestir de jeito vulgar e provocar os homens, precisava ter modos para não acontecer coisas como... ao que ela me cortou e retrucou que não acontecia nada com ela em... e eu lhe repliquei que veria se não no decorrer de alguns meses. Ela se levantou abrupta e olhou-me de cima a baixo, encaminhando-se para o quarto.
— O que é bonito e para ser mostrado! — afirmou antes de desaparecer na curva da porta.
Inconsolável pela descoberta da gravidez de Gabi, resolvi andar pela ilha e me sentei pesaroso sobre a areia até o fim da tarde, ainda absorto à notícia, assim ao longo de bom tempo, até dar por mim quando já a noite se tinha debruçado em minhas costas, obrigando-me a ir para casa no escuro sem lua. Como me encontrava no extremo oposto de onde estava a residência, decidi ir até o chalé

construído há poucas semanas por meu filho Bob, a quem eu era sempre relutante em visitar pela enorme questão que fazia em demonstrar que ali era seu santuário, o qual eu também me sentia sempre impelido em não profanar. Aproximei-me e, deixando para trás uma surpresa ruim, eis que ali me deparava outra pior. Enxerguei um bote a escorregar na água e deslizar na areia na noite fechada, de onde saíram quatro homens suspeitos, vestidos com roupas escuras, os quais retiravam do bote várias caixas fechadas e as levavam para meu helicóptero, que a um instante levantaria vôo, a contar pelas hélices em funcionamento. Fui ter com Bob, mas, quando cheguei à porta, parei desconfiado ao ouvi-lo falar "é da boa" e correr em seguida atrás do piloto para o helicóptero, sumindo dali em minutos para a direção do continente. Aproveitei para inspecionar as suas instalações do chalé, então avisado pela afiada intuição de que havia algo de errado por ali. Não me enganei, pois em pouco deparei-me com um conjunto de apetrechos que jamais gostaria de ter visto, mas avistei, sobre a superfície envidraçada da mesa da sala, um isqueiro e uma colher carbonizada no bojo e contendo ainda resíduos de pó branco, uma gilete, alguns resquícios escuros e da consistência da borracha, que ladeavam uma narguilé. Saí correndo, correndo como há muito não permitiam os meus anos e minha vida sedentária, enquanto os pensamentos igualmente se aceleravam em minha mente. Meus Deus, meu filho era um traficante de drogas, mais, era um dos grandes, um tubarão, o bote, o helicóptero, estava tudo muito claro, ninguém iria fiscalizar o helicóptero de um político influente. Não que a polícia não suspeitasse dos políticos, pois todos sempre soubemos que o chamado "tráfico de influências" de certo gênero de políticos inescrupulosos era denominação quase literal. Fiquei arrasado, mas não quis ir mais a fundo, ao que, de resto, todas as evidências apontavam: meu filho era um traficante, um tubarão!

Atingi ofegante o outro lado da ilha, mas os meus pensamentos continuaram a correr. Nunca achei que as más versações que eu havia feito fossem algo abominável e, mesmo, não me incomodaria se um filho meu seguisse os meus passos. Se admito o meu enriquecimento ilícito, há que se dizer em minha defesa que este foi produto tão apenas de algumas trocas de favores com certos senhores influentes, a que o meu cargo propicia, facilitado, é óbvio, pelo corporativismo comum nos órgãos legislativos e não por outras formas de ganho truculentas a que se fizeram uso parte substancial de meus colegas de cargos públicos, e o conjunto de meu patrimônio, bastante aquém do deles, é prova disso. Jamais participei do que tinha de mais podre entre os homens públicos, mormente do Legislativo e Executivo, em toda sua improbidade administrativa, como crime de peculato, atos lesivos ao patrimônio público, falsidade ideológica, envolvimento em tráfico de drogas, formação de quadrilha e até homicídio. Nunca me importei que Bob e Flavinho soubessem que minha conduta não fosse totalmente reta, pois jamais pensei que exorbitassem de meu exemplo. Mas via ali meu grande engano, porque se pouco ou nada se pode ensinar a graduar os vícios humanos, menos ainda se pode colocar medidas na cobiça, o mais insaciável dos defeitos...

 Cheguei em casa e tomei um calmante reforçado, fui para a cama e na manhã seguinte apenas ingeri um café forte, engoli algumas vitaminas, para logo depois me atirar ansiosamente em um sem-número de afazeres domésticos, carregando Jônata para todo lado e cobrindo-lhe de atribuições e de recomendações atinentes à ilha, deixando-o feliz quando me viu pelas costas, ele no topo da praia, eu em direção ao píer, onde já restava solícito e humilde o pequeno barco para me levar ao continente, local em que passaria todo o dia dobrado sobre o problema do iate, conserto esse que fiz questão de acompanhar em cada fase, buscando o mecânico na cidade de Santos, comprando peças de reposição, ajudando-o com as ferramentas, testando o barco, mantendo-me assim em ininterrupta ocupação, para ao cabo de tudo se operar em mim uma lobotomia cerebral e me cindir da memória a passagem do dia anterior no extremo da ilha, chalé de Bob, lugar que me obstinaria em considerar como espaço inexistente, um local nenhum, uma zona de perigo, um sítio arqueológico com seu hálito de maldição.

 Fez-me bem toda essa alienação, pois ao voltar à ilha, recebendo no rosto o ar marinho da proa do iate, vi-me de novo renovado em ânimo e esquecido do passado. Não quis porém me nortear pela via de minha ampla residência ao desembarcar no píer, sentindo quase compulsão em me achegar à casa de Gabi e à sua gente simples, como a me limpar em ambiente modesto de toda a sujeira trazida pelo visco da riqueza e o rito da cobiça. Eis-me então sentado em meio deles, ainda em tanta quietude, que chamei a cisma da menina, ora preocupada que eu estivesse embeiçado por conta dela e da gestação indesejada. Veio se sentar de pronto em minha perna, olhando para a mãe para ver se esta a repreendia, mas Walquíria, bem cansada de não ser obedecida, não ligou mais caso à nossa relação, após resistir uma boa porção de tempo. O velho Bartolomeu, por sua vez, se limitava a rebaixar os olhos e a se meter em seu fumo de corda, deixando porém transparecer a funda contrariedade com os modos mausãs de sua neta. Sentados um na frente do outro ao longo de horas, começou-me a sobrevir a fome, a qual com certeza eles também sentiam. Percebi que esperavam de mim a comida e notei que mesquinhamente não queriam gastar as provisões guardadas na dispensa da cozinha. "Se eu não trago nada, nem comer eu como!", pensei bastante contrariado. Reparei até que eles conversavam pouco comigo, mostrando-se desapontados pelo fato de eu vir com mãos vazias, afinal estavam acostumados com toda a sorte de guloseimas e mais tira-gostos que eu lhes trazia a cada visita, como se o salário que eu lhes pagava, como se a casa que eu lhes dava, as despesas com água e luz que eu os eximia não fossem suficientes para eles. Era também preciso que eu lhes desse comida. E constatei não distinguir ainda bem, ainda que chegado aos anos que eu contava, os indivíduos simples dos simplórios.

Pedi para Gabi trazer-me um café, e ela, escorregado até meu colo, perguntou-me se acaso estava incomodando, enquanto o velho Bartolomeu, olhos rebaixados, fazia menção de se retirar. "Não, você está perfeita aí!" respondi malicioso, tirando o riso dos outros. Incomodado com a reação de Bartolomeu que se mantinha sério, provoquei.

— A gente ainda tem muita lenha para queimar, não é Bartolomeu?

Ele balançou a cabeça respeitoso e apontou para a porta da saída.

— Ora, Bartolomeu. Vai me dizer que não dá mais conta do recado?

Todos deram risadas. Respeitosas, é verdade.

— Há uma felicidade para cada idade, como o senhor sabe. — respondeu-me ele suave e sempre sem deixar de usar o pronome de tratamento, embora já eu houvesse vezes bastantes insistido para me chamar apenas pelo nome.

Solicitei a Jônata para ir até a sede a fim de pedir à cozinheira que preparasse qualquer coisa, para nós e não se passou meia hora para darmos com seu rosto brilhante de contentamento, trazendo nas mãos rudes uma bandeja de petiscos vários: camarões, casquinhas de siri, frutos do mar em geral. Quando dei por mim, o velho Bartolomeu havia saído para a praia e ficamos ali apenas nós quatro, eu notando-os ora mais alegres, pois de buchos quentes, limitando-me tão-somente em responder aos comentários que me dirigiam, ao mesmo tempo um pouco impressionado com o velho sujeito, que, diferente dos seus familiares, não parecia se babar com os meus bocados. Uma vez saciada e sem dar a satisfação de uma despedida, Gabriela foi dormir, e eu, de meu turno, me vi constrangido a ir para casa, coisa que não desejava. Tomei, pois, a direção oposta dela e fui dar na praia, deparando-me com Bartolomeu, a quem tangenciei porque não quis parecer ao velho que eu ía por ele, muito embora tivesse vontade de vê-lo. Fiquei estacionado por momentos à frente do mar, a algumas dezenas de metros, de modo a não lhe fazer uma aproximação imediata, enquanto ele jogava gravetos no fogo feito há instantes.

— Venha até o fogo, seu Denisário. — pediu-me ele, daquela simplicidade que faz um pedido impositivo parecer um pedido somente.

Ficamos num silêncio continuado que a mim constrangia e que não certamente a ele.

— O senhor deve achar que me insinuo para Gabiinha, não? — perguntei-lhe de repente.

— Ela é filha de minha filha. Os filhos são o que a gente faz deles.

Fiquei surpreso com sua resposta e calei-me. Parecia disposto a falar sobre coisa que fosse, menos fazer qualquer comentário a respeito de como eu agia ou deixava de agir com a neta, inibido por espécie de autocensura originada pelo sentimento de não ter feito o devido para a filha ao longo da vida, contudo, entenda-se, não pelo sentimento de remorso — era complacente consigo e o era por direito, pois desculpava-o a sua rudeza — e, sim, pelo sentimento de amor que visivelmente guardava por Walquíria. Nos sulcos profundos das faces do homem, vi os traços de alguém que havia vivido muito, sofrido muito, errado muito, mas que aprendeu a encarar o passado e assumir as sombras das próprias falhas e, se não podia consertar as coisas agora, se sua humildade o impedia de refrear o comportamento repreensível da neta, mantinha-se em silêncio digno e exemplar.

Súbito, vimos sair de pequeno buraco da areia um siri, o qual correu de seu modo lateral sobre o chão plano, porém irregular e acidentado para ele, enquanto suas patinhas se revezavam, céleres como os dedos de um pianista. Com insuspeitável destreza, precipitou-se sobre pequeno resíduo que havia a mais de cinco metros dele e o apanhou de um golpe com sua presa maior, para em seguida voltar em igual ligeireza para a toca. Fiquei admirado com a precisão do instinto animal, em como ele pôde identificar uma presa em lugar em que não tinha ângulo de visão e à distância, que estaria a centenas de metros se colocada em proporções humanas. Olhei para o Seu Bartolomeu e reparei que a admiração era só minha. Ele não se surpreendia como eu, pois via apenas como as coisas eram pura e simplesmente, colocando-se assim em posição mais receptiva e humilde às leis da vida, aceitando de modo espontâneo e sem rebuços a perfeição da natureza, como a impressionante habilidade demonstrada há pouco pelo pequeno animal das areias. O instinto nunca falha.

Ainda ficamos por mais quase meia hora sentados na praia, embalados em silêncio quente e acolhedor, e me surpreendi em comungar com o sujeito impensável afinidade que prescindia de palavras. Quando já a lua se apequenava no céu, ele se levantou, bateu a areia da calça e me disse que era boa a hora para tomar um cafezinho fresco, ao que concordei de imediato, acompanhando-o até sua casa. Todos já haviam se recolhido quando chegamos e fomos direto para a cozinha, no que ele colocou água para ferver, enquanto aproveitava para lavar as louças acumuladas desde o almoço, pois não era o tipo de pessoa que estagna nos lugares em que vive. Mostrava-se, ao contrário, constantemente atento em encontrar algo para fazer, um afazer sempre calmo, verdade, seguido de imutável ritmo, ininterrupta cadência, como se fosse passar a eternidade no serviço, mas se via que havia realizado um mundo de coisas ao fim do dia.

Depois de sorver com gosto o café, fui embora para casa, não sem dificuldade, confesso, pois me sentia imantado ao halo de paz que parecia compor todos os elementos ao redor, fazendo-me lembrar há quanto tempo não me via arrebatar por igual sensação aprazível.

Agora, na espera de meu vôo, nesse distante saguão de aeroporto, posso notar os sinais que a vida me mostrou sem que lhes houvesse dado a devida atenção. Tivera eu extraído o correto proveito dessas passagens e tornar-me-ia um homem mais simples, de hábitos menos emplumados e menos suscetível ao aliciamento das expectativas. Penso sobre a felicidade posta em termos de dinheiro, da posse, da riqueza e da pobreza. Lembro-me dos doutores humanos, dos intelectuais amigos de Flavinho e de todas as discussões sobre o salário e as classes sociais, o produto do trabalho, a divisão de renda, sobre o recorrente argumento de que todo o homem precisa de um mínimo de recursos para viver uma vida "digna", para seus filhos terem acesso à saúde e à escolaridade, quando, porém, a maioria das pessoas com as quais convivo tem hospitais a um espirro e estudaram em muitas línguas, sendo profundamente infelizes apesar de tudo, e vejo um sujeito em minhas memórias que se satisfaz em lavar louças e talheres. Atônito, pergunto se acaso já se viu homem feliz cair doente ou se porventura houve sábio na história do mundo que se negasse a ensinar um pobre — porque índice inseparável da sabedoria é ensinar a quem for —, e, pois, que homem que busca verdadeira sabedoria ficaria sem mestre? E penso no quanto todas essas discussões intelectivas amesquinham a questão do bem-estar e da felicidade humanas.

Diante da experiência breve e sutil vivida ao lado de Bartolomeu, eu podia perceber que muita coisa passamos e aprendemos na vida para ao fim de tudo retornarmos a isso, este simples lavar de louças e talheres, varrer de chão, arrumar de uma casa... "Loucura, reducionismo!" objetar-se-á, ele é homem simples e rústico, não tem grandes expectativas, satisfaz-se com pouco, não é indivíduo intelectualmente desenvolvido, não possui gosto nem exigência mais sofisticada sobre a existência, não tem concepção mais ampla sobre o drama humano...

Para além desse momento que falo, fui compreender que conhecemos primeiro a verdade pela intuição, quando estamos na infância de nossas almas. Depois, comemos o fruto proibido, abrimos a caixa de Pandora, desenvolvemos nossa razão, aventuramo-nos no mundo do conhecimento, e as verdades precedidas pela intuição nos parecem ingênuas. Estudamos, aprendemos, sofremos e acabamos percebendo que a vida é isso, este calmo e prazeroso lavar de louças e talheres.

Voltei para minha casa em São Paulo e, em tanto que a vida me havia ensinado por esse tempo, eu me embrenhei no fio do cotidiano maçante da semana útil e me alienei nas articulações domésticas de meu partido, período em que me vi afligido pelo agravamento de minha saúde, obrigando-me a procurar um médico ao término de uma das entediantes tardes, em que nos víamos a negociar com outros partidos o cargo que a mim caberia na administração alheia, caso o prefeitável com quem eventualmente nos associássemos ganhasse. Voltei para casa mais cedo, sem saber que lá ocorrera novo incidente envolvendo meu filho mais velho e Gabriela.

O telefone tocou e desafortunadamente Marisa atendeu a chamada, na qual um médico informava que cheque nominal de Walquíria Soares, favorecido para sua clínica médica, não fora compensado por falta de fundos. Marisa disse tratar-se de engano, pois desconhecia a tal mulher inadimplente, e o sujeito, demonstrando uma insensibilidade apenas concebível em indivíduo que faz o que ele fazia, disse-lhe que o valor significava o pagamento de operação cirúrgica realizada em Gabriela Soares para "extração voluntária de embrião indesejado", cujo pai respondia pelo nome de Roberto Denisário Cimeoni, segundo constava na ficha preenchida pela jovem. — Bob!

— exclamou Marisa empalidecendo e apoiando-se no sofá para se equilibrar, reconhecendo o nome de Walquíria na moça com quem eu havia trabalhado há anos, cuja filha também se chamava Gabriela, sim!, só podia ser, mas, ela, aquele bicho-do-mato? Ligou em seguida para Bob sem encontrá-lo porém, decorridos alguns instantes em sua costumeira hesitação, foi procurar nas imediações onde morava um amigo próximo de nosso filho mais velho — se é que próximos ele tivesse.

Não vi Marisa em casa nem me importei tampouco, pois saí dos resultados de meus exames por demais amuado para querer falar com quem quer que fosse. Se em verdade já vivera fase de instrospecção nos tempos últimos, mais ali quando a nova má notícia da rigorosa dieta alimentar prescrita pelo médico se me aporrinhava. Deixei-me cair no sofá enfadado, enquanto deslaceava a gravata com tamanho e irritado desajeito, que senti a seda beliscar-me o pescoço. Resolvi comandar algum petisco, mas desisti no imediato em que ouvi a voz do médico ainda a cavernar em minha mente.

"Os níveis de colesterol no sangue estão relacionados com distúrbios circulatórios que causam o enfarte. Vai ter de fazer dieta", disse-me ele, eu já retrucando e o cigarro?

"Certas correlações estatísticas entre o hábito de fumar e a incidência de moléstias coronárias estão definitivamente estabelecidas."
Levantei-me bastante incomodado e disposto a dirigir-me ao bar da sala, não fosse outra vez bater-me na mente as escorreitas frases do homem, e voltei a sentar-me cordato, feito um menino apanhado em arte.
"Ah, deverá também observar a abstenção do álcool."
E o que mais me resta então perguntei-me, enquanto começava a sentir falta de Marisa.
"Deverá se contentar com a comida menos temperada; os alimentos mais consistentes são desaconselhados; comida pesada trás maior trabalho digestivo e circulatório. Evite laticínios em geral, banha, toucinho e outras gorduras de origem animal."
Mas então não vou poder comer nenhuma gordura? Eu que adoro gordura sobretudo, uma picanha, uma lingüicinha...
"Existem as gorduras recomendadas por baixar o colesterol, como óleo de semente de girassol, de milho, de soja, de amendoim, de oliva."
Aí soltei um longo suspiro de alívio, pois enquanto as pessoas estivessem comendo um suculento churrasco ou uma saborosa peixada levada à brasa, eu por minha vez poderia ir até a cozinha e beber uma saudável lata de óleo. Estou bem arrumado! Resolvi pegar um doce na doceira da mesa e então assim minha desolação foi maior.
"Limite o acúcar, pois hidrato de carbono é a principal fonte de triglicérides e da obesidade."
Isto, essa tristeza só, esse impedimento de nada poder comer mais o fato do grande contra-senso político vivenciado por mim nos últimos dias, ou seja, de que eu deveria ser o mais forte possível, o mais bem visto possível por meu eleitorado, apenas para conseguir um cargo mais poderoso na administração de outrem, que se via mais cotado nas pesquisas, e com o qual meu partido deveria se alinhar, acabou por me levar a sensibilidade à pele, a me incitar afiado espírito crítico diante da vida. Fisguei a braço descarnado quando nova vez do proscrito doce eu incidia e detive o olhar nas manchas e rugas do dorso da mão e nas falanges retorcidas pelo tempo, caindome à idéia como nunca até aí o peso da velhice, à qual eu estaria relegado *ad diem*. E se ora aqui eu me lamurio, há que se dizer que com o tempo outras coisas eu veria e me surpreenderia em conferir

como implacável eram as leis em conduzir o homem a Deus. Se não, por que haveria de a velhice existir, pois não é ela, a velhice, que nos leva compulsoriamente à conduta que se pede ao homem em toda a vida? E não cumpre o homem no ocaso da existência o sentido a que veio, quando o corpo alquebrado lhe acalma e serena, bem como o zelo da saúde não lhe torna comedido e com medida não supera os apetites, como assim se santifica porque tem desvigorados todos os membros, e assaz entibiado se retira a um canto para em vida meditar, senão orar, achando enfim em si a força que buscou lá fora? E não vê pouco e escuta menos para que em si seja arrojado e vivencie a sacrossanta meta de aprender com o silêncio, e não se torna ele parcimonioso em palavras como os santos sábios, quanto em gestos econômicos, à feição dos monges sapientes que bem sabem ser loucura se apressar, pois certeiros de que tudo tem seu tempo e será cumprido? Quando então a idade chega, vai-se reviver no homem a pureza das crianças, cujo reino lhes espera, e dobrado pelos anos ver-se-á sozinho, humilde, assim como da indesejada morte, espiritual, fazendo-o sentir o que sentiram em todas eras os fiéis de Deus, ingentemente desprezados por seu meio e posto logo ao lado como seres imprestáveis. Eu de mim a esse teste não passei e ao ver cumprido meus decênios não entendi a velha idade como amostra de que todo o homem se destina à solidão, a qual promove o fim do amor gregário em cada alma e leva o ser à irresistível atração a seus iguais, inda que distante em aparência. Guardei a solidão como um rito punitivo do destino e ato ingrato dos parentes que me rodeavam, mas mal não faz algum, pois sei que, embora mal vivida, a experiência da velhice está segura em minha alma e noutra vida há de vir à tona antes mesmo que a idade me acerque, o vigor se desvaneça e as pessoas se me afastem. Irei qual velho me portar em sendo jovem e será um dia de festejos em meu coração, que me fará sair a abraçar os que a mim jogarem ao abandono sem se afastarem, louco por amá-los.

— Chorando de novo, mãe?!

Acordei em sobressalto ao ouvir a exclamação de Flávio, pois havia adormecido no sofá, qual saído de um sonho que quisera ter ficado. Aborrecido em descer à sala e encontrar meu mundo, que não titubeou em me lançar à face a nova de que Bob havia engravidado a moça, a qual não hesitou em arrancar de si o fruto, aquilo me bateu com força na cabeça e tudo se me afigurou confuso e sem saber o que pensar, se acreditar devia na menina ou julgar ainda que se teria ela enganado e colocado o nome de meu filho em lugar do do piloto.

Depois de tudo detalharem a respeito da ligação da sinistra clínica, estabeleceu-se entre mim, Marisa e Flavinho ríspido silêncio. "Onde está Bob?" questionei, e minha esposa não me soube responder.

— Eu te avisei, eu te avisei, pai! "Olhe o que vocês estão fazendo com o Bob", "vocês o estão deixando fazer o que quer!" — reprovou Flavinho — Eu sabia que não ia dar coisa boa, e não deu! Mas vocês nunca escutam ninguém até as coisas acontecerem e ser tarde demais!

Atrás da emotiva dramaticidade de Flavinho, vi uma ponta de euforia que me irou.

— Não acha melhor se preocupar em como seu irmão está agora em vez de ficar se vangloriando de sua sabedoria?

Flavinho se acabrunhou com minha crítica e retrucou que também se via por demais sentido pelo irmão, inda que estando um tanto nervoso em ver que jamais era ouvido e que gostaria que sua opinião fosse por nós considerada ao menos uma vez. Eu não consigo ser indiferente aos problemas daqueles que gosto! Acha que não sofro em ver as pessoas que estimo sofrerem por pura teimosia? Fiquei muito irritado com ele e tive o ímpeto de lhe dar um soco bem encaixado, porém me contive e logo levei-me dali, indo acabar na garagem em que já demandava a Roberto que fôssemos ao Campo de Marte, local em que pretendia alugar um helicóptero, já que não consegui contatar Bob e servir-me do meu (ou, antes, emprestado de amigos empresários), e desse modo chegar o mais breve possível à ilha, a fim de tirar de vez a limpo toda a terrível e incômoda história que me fez zunir o ouvido.

Forte foi o baque causado em meu peito diante da nova, e de tal modo foram profusas as emoções que inda agora não posso unir às idéias, e em ruim conjecturas mal me vêm essas memórias que tomam cada vez mais um ritmo pulsante e histérico e se afunilam a um rito claustrofóbico, a ponto de eu só tomar consciência do fio da história quando já me via arrojado à ilha e diante de Gabi, a lhe pedir explicações sobre a veracidade do caso da clínica e de quem era de fato o filho que lá ela havia deixado sem vida. Ela, num tom que mais enfado não podia, disse-me somente que o feto de fato era de Bob, e em desdém emendou que estaria em verdade pensando em trocar o pai pelo filho se este lhe desse uma chance, embora o belo rapaz lhe tivesse dito e redito que ela só lhe servia qual fosse o iate, o eslalo, o sol, um divertimento, e só. Agarrei-lhe pela roupa e lhe pedi, implorei para me dizer se estava brincando, se estava querendo me enlouquecer apenas, e ela, como se respondesse as horas, disse-me ímpia que era a mais pura das verdades, fosse eu falar com ele se tivesse dúvida alguma a respeito, Bob o confirmaria e desse dia em diante passei a arrastar os passos tamanho o desgosto que eu recalquei na alma, sem o admitir contudo. Parti contra a menina e gritei ou, digo, urrei: "ele não fez isso", ao que ela esbugalhou incrédula os olhos, paralisada em ver-me de modo que jamais supusera meu "pegue as suas coisas, maldita mentirosa", ainda urrando, enquanto ela se levantava com a lentidão do terror e depois se estirava ligeira em direção à sua casa, para onde eu fui em seguida e determinei que aprontassem todos tudo o que tinham e desaparecessem de imediato da ilha, senão iria mandar jogar ao mar seus pertences. Entre atônito e receoso, Jônata ainda me objetou estar Walquíria muito doente, gripada já de alguns dias, ao que eu refutei impassível e empedernido, repetindo as ordens inflamadas: "Quero todos fora daqui!".

Tantos os meus gritos, que Bob veio ver o ocorrido, e eu lhe travei o braço e saí a conversar com ele, em separado dos outros, e lhe roguei que negasse as vis afirmativas da menina de que era o pai da criança ingerada, e ele me devolveu um olhar que a dor me embarga em narrar e seguiu embora sem dizer palavra alguma, de consolo ou desconsolo. O desprezo de Bob para mim e minha infeliz pergunta foi imenso, e eu acreditei estivesse indignado da pergunta e me agarrei a este pensamento quais náufragos que se agarram entre si ao se afogarem.

Considerei o acontecido por findo, mas houve o destino de dar um desfecho terrível, o qual me fizesse gravar na memória como das mais tristes lembranças que se me perfilavam em todo esse enredo. O estado de saúde de Walquíria agravou-se devido a exposição ao mal tempo, fazendo-a contrair pneumonia dupla e levando-a à morte em uma semana, ou menos. Tanto foi o amargor pelo remorso, que minhas lembranças de agora parecem me poupar, como se em suficiência eu houvera de todo expiado minha dívida, e deixam passar adiante os meses que estimo em esquecer.

E assim foi que nada ocorreu digno de nota nos meses seguintes, ao menos pelo crivo dessa corredeira de lembranças, quando agora me surgem novas imagens, as quais reputava caídas no esquecimento e ora sobrevindas. Vejo-me esquecido numa pequena cadeira, quanto ampla fora a sala em que me encontrava, ao mesmo tempo em que mantinha a atenção descida na janela, a qual mostrava a vista do jardim, enquanto conversava com Marisa, ela, por seu turno, bem sentada em sofá ao lado, devendo a vista a um livro e balançando a cabeça ao que eu dizia, se me ouvia. Era em verdade um quadro estranho, eu não escutava as palavras por mim ditas, mas, sentia um real estado de apreensão no ar, feito se má notícia se houvera esperada, e o olhar que eu voltava a toda hora ao telefone bem flagrava essa espera, como assim as frases espaçadas que eu dizia. A tarde se fazia fria para além da janela, e nós aconchegados pelo lar nos víamos embalados pelo bater indolente dos segundos, enchendo os minutos, ao tempo em que uma lâmina de luz cortava ao meio a sala e incidia no rosto envelhecido de Marisa.

 Soou. O telefone soou, e eu sai agitado da cadeira, quase pondo-a abaixo, e súbito desacelerando o passo para não dar a entender à minha esposa que apreensivo eu estivesse, e deixei tocar mais uma vez antes de tirar o fone do gancho. Meus advogados informavam o que era esperado por nós, ou seja, Jônata havia impetrado uma ação judicial contra mim, na qualidade de defensor da enteada, e exigia que eu fosse enquadrado pelo crime de aliciamento e abuso sexual da menor Gabriela Soares. Ele me havia procurado antes e, mancomunado com a peste da menina, ameaçado-me, com o processo caso eu não concordasse em dar-lhes vultosa soma de dinheiro para calar-se, ao que lhe respondi, quase colocando-o a pontapés para fora de onde nos encontrávamos, que morreria a ter de aceitar as vis chantagens deles. Agora, os malditos cumpriam a ameaça e levavam à justiça o caso para lá de injurioso e conspurcante, desejando tisnar-me a imagem política de jeito a constranger-me ao pagamento. O julgamento sobre o caso estava marcado para daqui há alguns dias, e meus advogados ligavam para me informar. Desliguei o telefone e Marisa me cobriu com expressão de receio, o que me fez sentir... ah, como é importante o olhar cumpliciado de alguém que se ama nessas horas!

 Dias se passaram e, em ocasião da primeira audiência, já acordava eu bem cedo a fim de me preparar para a demanda mais difícil de minha vida, enquanto Marisa fingia estar despreocupada para me poupar do estado de apreensão, em não querendo somar à minha a dela. Fingi sonolência, e fingíamos assim, até que eu saí de casa e me dirigi ao Tribunal de Justiça da Barra Funda, onde desci de meu carro e vi-me indiviso em meio ao mundaréu de gente, com desagradável sensação de ser um homem absolutamente vulgar e indistinto diante do átrio da lei e apesar dos dois seguranças que me ladeavam, bem como a imunidade parlamentar a valer-me e dos advogados de negro ávidos para me serenarem, foi-me sofrível a travessia compreendida entre o pátio popular e a entrada, sob o olhar severo e altivo do prédio da justiça. Não foi noutra reta que se me deparou o destino com mais uma das suas surpresas extraordinárias e pôs diante de mim uma transeunte que, por estranhíssima reação, não poderia faltar a essas memórias, como não faltaria por certo às lembranças de quem fosse se tivesse passado por igual experiência. Súbito, veio em minha direção uma moça a qual jamais havia visto na vida, e eu tentei contorná-la, mas ela ligeiro fincou os pés em minha frente e, de beleza arrebatadora, fez-me perder alguns instantes a admirá-la, antes de me dispor a continuar a rota à justiça. Quando já tinha o peso do corpo sobre uma perna a fim de contorná-la, ela colocou suavemente a mão sobre a altura de meu peito, quase me tocando, enquanto em seus olhos brilhantes e de incomum cintilância prenunciavam algumas palavras a mim dirigidas. Relaxei sobre as duas pernas e quedei-me à passividade de ouvinte, imaginando tratar-se de uma eleitora ou certa entusiasta de minhas campanhas. Porém, com a intensidade perscrutante de sua expressão, passei a julgá-la alguém que me viesse trazer reprimenda sobre crime de prevaricação ou outra falta imputada comumente aos políticos.

Centrando os olhos nos meus e sem mais em preâmbulos, me disse que eu teria a maior prova de que a vida pode vencer a morte. Esbugalhei os traços e lhe balbuciei que repetisse o que havia me dito, muito embora eu tivesse as palavras bem retidas no ouvido, sem obter no entanto resposta da moça, a qual apagava qualquer expressão do rosto, a não ser um brilho enigmático que me encantava viperinamente. Tenso fiquei e todo perturbado, ao tempo em que se passaram ainda alguns segundos para só então ela me voltar a falar de seu sinistro modo, afirmando que não há outro caminho para se chegar ao nível de consciência superior sem passar pelo perdão. Perdão... Eu pensei com mole face, deixando em seguida cair da boca a palavra, no mesmo instante em que via operar-se em seu rosto uma mudança, e ela a me olhar agora de outro jeito, mais normal. "e qual seria esta prova?" eu lhe inquiri "esta prova de que a vida pode vencer a morte", percebendo, todavia, que ela me enviava uma expressão muito assustada, agora, piscando sempre, como se somente ali me vira, e afastando-se um passo, qual se me enxergasse como ameaça. Quando eu dela me acheguei, a pergunta repetida, ela me virou as costas e já se ia não fosse eu lhe pegar o braço e afirmar que acabara de a mim se dirigir, ao que ela respondeu não estar me entendendo nem saber do que eu dizia, como tanto não me conhecia. Fitou-me a mão impertinente a lhe cingir o braço e me obrigou a retirá-la pela instância do olhar, o que fiz de imediato, e saiu movida pela pressa do receio de que eu lhe fosse ao encalço e mais lhe importunasse, enquanto me deixava abortada na garganta a pergunta sobre a referida prova, a maior de todas, que me daria fatos incontestes da existência do outro mundo. Era evidente de que ela não se lembrava mais das coisas ditas há um momento a meu respeito.

Largou-me em meio ao pátio e em passos céleres virou-me brevíssimas espiadelas sobre o ombro, até se imiscuir na massa e fugir-me das vistas, enquanto eu, desnorteado e quedo por longo momento, à semelhança de alto obelisco, me dispus a retomar meu caminho no instante em que me vi alvejado por certos senhores de idade avançada, sentados em banco a uns metros, a me observar de modo suspicaz, tomando-me por louco ou depravado.

Ao me aproximar da entrada do prédio, me esperavam os advogados, prestos em me cercar de zelos e me botar palavras na boca "a instrução" e cercado, entrei na Alçada Criminal. Em pouco, estávamos à mesa olhando-nos todos de modo rapino, Gabriela, ah, a expúria Gabriela, jamais me erguia o olhar, como assim seu "padrasto", o Jônata, a segurar-lhe na mão, sem deixar a ilibada juíza sentada à cabeceira notar que sua relação transbordava ao incesto, como eu já sabia, informado por criteriosas investigações feitas a mando dos dois advogados. Apenas o velho Bartolomeu sustentava os olhos, embora eu pudesse notar-lhe a viva contrariedade no rosto abatido, porque se ali se encontrava o fazia por forte insistência da neta, não por estima do que lhe pudesse sobrar. Sulcadas lhe iam as rugas, deixando-nos ver que muito havia sentido pela morte da filha querida, e parecia alheio a tudo, às gentes, ao caso, à vida, e apenas queria acabar e voltar ao seu canto.

Aberta a audiência, fez a juíza constar que estavam presentes as partes e todas as testemunhas destas, e procedeu ao pedido da requerente de que eu, o réu, fosse julgado por aliciamento da menor Gabriela, ensejando a que o jovem promotor fizesse a sua peroração. Em continuidade às palavras iniciais da defesa, as testemunhas foram ouvidas, e chamou-me a atenção os ardis e mentiras da vítima, como de seu comparsa, em querer inculcar na juíza a idéia de que eu tivesse seduzido a menina e dela abusado. Ora, aconteceu que em dado momento contradisse-se Jônata ao afirmar que nos havia flagrado em ato sexual, quando estava em companhia do velho Bartolomeu que, questionado se também havia assistido à relação, afirmou, após hesitar, que sim, o que suscitou nos dois de minha defesa aquilina troca de olhar. Hábeis, e muito bem pagos, meus homens de preto continuaram a questionar o sujeito com calma medida, para em seguida chamar novamente a depor o velho, indagando-lhe de chofre se havia presenciado o ato, e este respondeu com seca negativa. Assinalou então a defesa o logro de Jônata, e diante do protesto do promotor, que almejou acomodar as palavras de sua testemunha, a juíza fez o escrevente "reproduzir as perguntas" e anulou o ardil do promotor. Em seguida, inquiriu outra vez ao senhor se ao menos estava ao lado do rapaz em ocasião do flagrante, e o primeiro negou peremptoriamente e arrastou a acusação ao constrangimento do perjúrio. "Ora, vô, que besteira está dizendo." desferiu a pequena, afirmando insolente ao resto da mesa que ele andava mal da memória. O homem lançou-lhe apenas uma triste feição e lhe replicou que havia dito desde o início não querer vir... A menina retrucou irritada que ele, Bartolomeu, só ligava para a filha Walquíria, e novamente o velho lhe voltou o rosto cansado e lhe disse que, muito ao contrário, se tinha zelo excessivo com a mãe, devia-se à consciência intranqüila, enquanto com a neta queria ser verdadeiro sempre. A frase soou pela sala com dignidade e encorpou as palavras do velho, a quem a juíza respeitou acima de todos e tudo o mais que havia sido falado naquela audiência. Não deixei eu também de enviar expressão de real simpatia ao homem que, todavia, a seu turno, mostrou-me impassível e imóvel feição, rebaixando os olhos apenas, fazendo-me arrefecer o sorriso nos lábios, contrariado.

Descemos lépidos as escadas do prédio, segurando o riso da quase vitória, já que a juíza deixara transpirar seu desagrado com a menina, chamando-lhe mesmo a atenção, logo em seguida ao decisivo depoimento de Bartolomeu, e um dos meus advogados se adiantou a mim, quando o meu motorista me abria a porta do carro, e botou-me um sorriso maroto na frente, afirmando que o caso estava nas mãos, e nada haveria de o promotor conseguir em postergar a decisão da sentença. Nesse ínterim, vimos o velho Bartolomeu, colocado em sórdido terninho, vindo em nossa direção, sem nos ver e a sós, já pois sem os seus familiares. "Onde estariam?", pensei, acompanhando-o caminhando em seu passo idoso a olhar para os lados, visivelmente perdido em meio à rua, ao mundaréu. "por outro lado, talvez fosse melhor um acordo, Dr. Denisário, para encerrarmos de vez o processo" ponderou o advogado. Apiedei-me do velho e tive vontade de dar-lhe carona, mas pensei em seguida se não havia me favorecido no julgamento à espera de que eu lhe fosse recompensar, embora no mesmo instante eu pudesse divisar no burburinho de meu íntimo feraz a voz da consciência a me avisar que esse cálculo não fazia jus a tal homem, mas há que se consignar em minha defesa o estado extremado em que eu me via, e tão possesso, pois foram sobremaneira duras as acusações levantadas por Gabriela a respeito de meu filho, antes de tudo, e ao meu respeito, que não me via em grande propensão para ver as coisas nítidas como deveriam. "podemos lhes dar qualquer dinheiro, Dr. Denisário, que eles aceitam... Uma menina desqualificada como aquela, uma maria-ninguém, tentar manchar a reputação de um indivíduo de estirpe, de escol e belo como meu filho, com certeza porque inconformada de sua insignificância física e desejosa em perturbar um sujeito tão agraciado pela natureza como ele. "Não, respondi ao advogado enquanto entrava no carro e mandava partir, não darei a essa gente dinheiro algum.

A caminho de casa, ao invés de sentir alegria, vi-me toldado de muda e esquisita impressão e não conseguia encontrar o motivo que fazia a vida, a qual corria diante dos meus olhos, carente de todo o sentido, como se cada pessoa que eu via andando apressada na rua, correndo atrás do relógio em mil afazeres, não o fazia por meta qualquer que não fosse apenas por simples razão de sobrevivência. Eu queria entender o que a mim se passava e apenas sentia a iminência de algo ou mesmo talvez o fim de uma etapa, só sei que olhava pr'á todos os lados e via que algo de fato havia mudado, notando por fim, ao cabo de dias não serem as coisas, senão as de dentro, de dentro de mim, que, em verdade, em verdade vos digo, haviam-se alterado e, embora tivesse caído em abismo de vacuidade diante da constatação de que todas as coisas por mim construídas não iam mais longe que meros rabiscos na areia, me nascia na alma um sentido bastante incomum, como se quando em longínqua viagem as sensações se afixam, mas ficam difusos locais e pessoas que lá se encontrou. De repente, eu senti forte desejo de arrumar os erros deixados para trás, sendo movido por incontrolável e estranho impulso de ver-me quitado com todo o passado, e a primeira decisão que me bateu à mente, sem mesmo pensar, foi desfazer-me da ilha e de todos os problemas que ela me trouxe e que um dia traria, e desse jeito entusiasmado não me refreei em anunciar aos meus de imediato, sem calcular quaisquer conseqüências, quando rara vez encontrávamo-nos unidos à volta da mesa de jantar. Todavia, recebi de pronto inesperada e intempestiva reação de Bob, que só faltou me agredir, e eu, embora me deixasse enfiar num bate-boca impensável entre pai e filho, renunciei ali mesmo ao plano de passar a ilha adiante, sem contudo lhe revelar, pois chocado me vi com a animosidade que a idéia lhe extraíra e porque estivesse animado em me reconciliar com o passado e não desejasse permanecer no mesmo padrão de rancores e desentendimentos de toda a vida com relação ao menos aos entes de sangue. Bob se retirou mastigando ira pelo pai e, para maior contrariedade minha, acabei por criar um clima péssimo à mesa e li nos rostos de Flavinho e Marisa o desgosto pelo ocorrido, olhos toltados pelos cílios tensos rebaixados mesmo ao lhes dirigir a palavra, fato que fez com que me retirasse da mesa aborrecido, deixando-os a sós em seu silêncio reprovador, inconformado em verificar como todos sempre atribuíam a mim qualquer tipo de rusga que surgisse entre nós na eventualidade dos nossos encontros. Para meu desagravo, saí me inquirindo se não era possível perceberem algum dia o meu lado, a atitude agressiva de Bob, o modo autoritário como se havia dirigido ao seu pai. Não podem por feita que seja levar em conta que eu agira em defesa somente, já que fora primeiro atacado? Ou esperavam eles que eu, o chefe da família, dever-me-ia calar diante dos maus-tratos de um filho e perder com isso o resto de respeito que tinha com relação à casa, à própria?

Isolando-me qual me fora de costume para recinto ocioso da casa, ou quarto, ou sala, ou para o solário que extravasava da mansão sobre uma edícula de fundo, me afastava deles ruminando rancores, como então julgando-os a todos um bando de ingratos que exigiam de mim, além de ser o provedor de suas necessidades materiais, me pusesse sempre ao seu dispor com indefectível postura e equilíbrio perfeitos, sem se dignarem, no entanto, a dar a contraparte, digo, se não podiam se equivaler em espécie com as inúmeras coisas que eu lhes dava, dessem ao menos em termos de atenção, de carinho e respeito, se amor fosse lhes pedir muito.

Dessa vez no solário, quando já ao cabo de hora me via a olhar a infinitude do céu meio estrelado, opondo-lhe a infinitude de minhas chagas, chamou-me atenção a quantidade de sardas que deram para aparecer-me nas costas das mãos nos últimos meses, ou eu que não as via? "Amanhã, tenho muitas coisas a fazer, muitas coisas!" eu disse, como se a noite pudesse me ouvir. "Sou um homem muito dedicado ao trabalho, graças a Deus, pois para mim o trabalho é vida!"

Súbito, um movimento vindo do telhado da casa dos empregados que se nivelava ao piso do solário me chamou a atenção e eu me virei para ver o que era, e era um pássaro cujo jeito moribundo e feio desagradou-me a vista, fazendo-me mudar de posição e ignorar a presença do bicho. Contudo, instantes depois virei-me para o lugar onde o vira, sentindo cutucar-me os olhos dele e o escuro pássaro continuava lá, em tanto velho quanto desgrenhadas penas, em seu aspecto sujo e doentio, a doença do tempo. Incomodei-me à presença inoportuna e retirei-me ao meu quarto, de onde estimava debruçar no balaústre da sacada, e eis que aqui também eu via a cumeeira do telhado que cobria o quarto dos empregados, e ali o pássaro outra vez a espiar. Continuava em seu aspecto deprimente, como a me dizer que estava ao fim, à porta, que iria prontamente sucumbir, como a anunciar a morte, pois ninguém mais que um pássaro velho, que fora livre, solto, sumamente, pode dar maior impressão do fim, da morte. Essa visão me atravessou de tal maneira que não tive escrúpulos de enxotá-lo, ainda sabendo que o pobre se via em sua hora e nem tivesse forças para do lugar sair. No entanto, ele, voltando-me os olhos embaçados enxovalhados, sem restar dúvida de que me avistara por seu turno, continuava parado no mesmo lugar, nem fugia ou fazia conta de meu grito hostil e deixava para mim ainda mais flagrante, e insuportável, sua vida interina e a velhice estabelecida a tal ponto que eu lhe fazia favor em lhe dar o golpe de misericórdia e o livrar daquele doloroso estado. Não agüentei mais vê-lo e me refugiei na intimidade escura de meu quarto, na expectativa de que ele deixasse a incômoda posição do telhado, no desequilíbrio da cumeeira, pois se via vezes a fio chicoteado pelo vento e derrubado, mas voltando sempre, se erguendo sempre, movido por aquele estúpido instinto de sobrevivência que lá se me afigurava mais estúpido que nunca. Somente depois de meia hora, eu voltei para meu canto favorito, na sacada, onde nova vez deparar-me-ia com a ave, irritado, bati com um jornal achado no chão, e o pássaro apenas se virou para mim manemolente e cansado, nem demonstrando o susto contrátil dos seres de sua espécie. Algo como um risco inteligente despontava atrás do fosco mortiço de seus olhos, feito não me visse como ente inamistoso, apesar de eu francamente o ameaçar, era, antes, ao contrário, uma expressão cumpliciada e que me aborreceu demasiado e insuflou a ira em mim o muito para me fazer sacar do bolso uma caneta e atirá-la sobre ele, com o vigor possível de meu braço, na intenção de afugentá-lo de uma vez por todas. Pouco se deu porém o miserável quando a caneta se espatifou a dedos dele, e continuou ali, a me fitar da mesma forma opaca, olhando de maneira imprópria aos animais, de viés, esguelha, modo que humaniza os bichos e nos assusta, pois retira a ingenuidade do frontal olhar e envelhece os seres, de igual maneira que envelhece as crianças no momento em que atingem a segunda infância. Fechei a porta com estrépito e mergulhei no escuro, enquanto a claridade vinda do vitrô beliscava os meus olhos, e caminhei determinado até a cama e, em não querendo admitir a minha falta de visão, eu bati a perna num console de esquina. Joguei-me na cama irado e esfregando a contusão, menos ferida que ferido estava meu orgulho de um homem de idade mal assumido, enquanto imprimia devoção maior ao ferimento que devia, pelo fito de tirar da mente a expressão do velho pássaro que parecia se manter lá fora a me olhar sem ver, sabendo que eu, porém, o via.

Dia seguinte, lá estava eu onde cá estou agora a narrar a longa história minha, quer dizer, no aeroporto de Congonhas, onde toda a narrativa começou e há de acabar, já que tinha compromisso como antes havia dito, em Brasília, sem saber, contudo, que lá, na capital, eu não haveria de descer.

Chego assim, portanto, ao cabo das memórias que minha mente resolveu passar, por que razão nem sei, e me vejo outra vez no presente em pleno saguão, o qual eu atravesso, deslizantemente, ao mesmo tempo em que vou notando como nunca então as peculiaridades do teto, pessoas me olhando no percurso, deixando-me encabulado e intrigado, afinal não era o tanto conhecido pela gente toda que me rodeava, pois não olvidemos que o país é sem memória no que tange aos seus representantes.

Reparo de repente com surpresa que em verdade não ando, e sim sou carregado sobre cama ambulante, e os sujeitos que avisto ao lado, os quais julgava irem ao local de embarque, não fazem outra coisa senão me conduzir a lugar por mim jamais estado no aeroporto de Congonhas, um recinto esbranquiçado, havendo na parede ao alto grande cruz que encima portentosa cama, também branca, onde me acabam por acomodar. Tento erguer-me dali e não consigo, enquanto sinto confranger o peito numa angústia lancinante, e alguma coisa lá de dentro do meu ser quer me dizer o que ocorre, mas eu teimo a ela dar ouvidos, e me indago se tudo acontece ou se sou de estranho sonho acometido, quando para desespero meu ouço uma voz soar do meio das pessoas que me estão à volta dizendo que eu havia entrado em coma. Falo e não recebo ouvidos, quanto grito e ninguém parece perceber que eu estou ainda em plena vida e recebo só profunda indiferença, vendo-me de súbito entubar em assustador e insólito campo magnético a me vibrar o corpo todo, enquanto atordoado por estalos inauditos e tempestuosos roncos, como incompreensíveis, que mais tarde aprendi serem intracranianos, tudo me arrebatando numa espécie de fricção vertiginosa que me faz perder ao cabo de instantes o sentido.

Quando acordo vejo que meus filhos me pranteiam e tento lhes falar, gritar, debalde, e então procuro lhes tocar também em vão, enquanto o médico ao lado deles lhes informa que meu estado é muito grave e possivelmente terminal.

Não, não, não, mexo-me em minha casca e sem querer admitir o meu inevitável fim, aceito a custo permanecer parado e, entre comovido pelo sentimento de meus filhos e abalado pelo frio diagnóstico do homem, choro.

Somente ao término de instantes serenamos todos até que Bob viesse a comentar que sente ter brigado tanto com seu pai e nota como tudo era tão ínfimo nessas horas, palavras que me travam a goela de emoção. Nós dois, diz ao irmão, também brigamos por coisas tão inúteis, recebendo de Flavinho breve aceno de cabeça. "Pela ilha até nós dois brigamos, estupidez!"

Em meio a soluços incontidos, de súbito Flavinho comenta que eu nunca havia lhe amado, e Bob lhe replica veemente que isto não tem o menor fundamento e, por enorme coincidência, diz trazer no bolso carta que prova com certeza o contrário. Logo percebi tratar-se de um bilhete que havia escrito a Bob há poucos meses, quando Flávio inculcou de construir um bar na ilha e os dois irmãos se entrevaram numa dura discussão, chegando quase às vias físicas. Mas reparei que se usou de estranho expediente, entregando ao irmão apenas parte do bilhete, a primeira, em que eu presumidamente falo bem de Flávio, omitindo nesse ponto a desfavorável parte. Penso na intenção que poderia ter levado o meu querido Bob a extrair o crítico contexto e a livrar o irmão de minha ácida ironia e, tocado, eu concluo que almejava poupar o menor do pensamento de que eu não o estimasse.

Flavinho lê a carta e se desmancha em lágrimas, ao tempo em que o mais velho comenta que desejaria que a ilha ficasse com o outro, "pois é pequeno tudo isso agora", mas recebe a recusa vigorosa do mais novo, o qual meneia várias vezes a cabeça e somente ao fim de bons instantes consegue articular palavra e responder que, segundo a minha vontade expressa no bilhete, a ilha ficaria para Bob, "e assim será".

O mais novo se levanta da cadeira de maneira impetuosa e transido de emoção acaba por deixar cair o tronco sobre o meu, amassando a carta sem querer e me dizendo que sabia que eu nutria um sentimento bom em relação ele. Chora sobre mim o desgraçado, e eu admito, no entanto, que me sinto insatisfeito pelo rumo avesso que tomou a coisa, e desejei abrir a boca e protestar, dizer-lhe sobre o engano, lhe clarear sobre o ocorrido de verdade, que estava ledamente equivocado, pois não era o sentido que eu quisera dar à carta. Porém, falo e lhe explico, mas ele me mantém o mesmo rosto imutável e bobo, iludido, o tolo, a quem não logro em conseguir o desengano, pois ninguém pode me ouvir nessa hora extrema e tenho de aceitar a circuntância de que o infeliz ficaria com a impressão eterna de que eu o amara mais que tudo.

Entra o médico logo atrás da enfermeira e me toma o pulso, sob o olhar apreensivo de meus filhos, para enfim dizer inexpressivamente que meu estado melhorava, embora ainda assegurasse que estivesse minha vida por um fio, momento em que Flavinho leva ao rosto as mãos e se afasta constrangido, e sai do quarto pelo choro copioso. Bob, quando se encontrou a sós comigo, se aproximou da cama e debruçou-se sobre mim, e aterrado captei no rosto dele uma expressão que nunca antes lhe havia surpreendido.

— Ah, velho, vá de uma vez e pare de me atrapalhar!

Olho para ele sem de pronto atinar, mas já meu corpo emocional correspondia com indignada reação como sói acontecer aos sentimentos que percebem sempre antes a intenção dos outros, e enfim me vejo revoltar em coração e mente, compreendendo tudo, entendendo sua astúcia no evento do bilhete, como pois notando o verdadeiro sentimento que guardava por seu pai a vida inteira e assusto-me com o monstro que eu criei em minha própria casa, sob o seio da família, e na mesma hora forte fluxo de ódio de meu corpo se apodera, instigando-me ao ímpeto de pular em seu pescoço e, assim, sumariamente estrangulá-lo, esmagá-lo entre os punhos até ver seus olhos de serpente espirrarem das perfeitas órbitas. Contudo, eu me resto aprisionado em meu corpo inânime, miserável, como se estivesse encerrado num casulo e ainda empreendendo toda a força é debalde e feito o mais inofensivo dos inermes seres, não me tenho livre por cumprir o que reza os ancestrais direitos de um pai diante de tamanho parricídio, quer dizer, castigar tal desnaturada criatura, esse estranho que eu julgara filho, mas que é em tudo um assassino. Porém, a um segundo olhar, eu noto que esse monstro a pender o rosto sobre mim guarda na fisionomia os traços meus mais que qualquer ente de meu sangue e de mim era saído, sendo enfim o resultado de todo o tratamento que lhe havia dado, como assim tratara as pessoas ao redor das quais eu convivera. E só me resta conformar-me, pelo que de todo modo ele é o que fiz dele, sou eu mesmo.

Bob deixa-me ainda uma vez sua feição apolínea e se retira, partindo, e sem comunicar o irmão — mais tarde eu soube — sai e leva o carro com o qual vieram, receando que Flavinho lhe pedisse para ficar, a fim de revezarem na tarefa de velar-me. Nesta hora triste da existência em que tudo se me rui à frente e diante de tal monstruosa cena de desdém filial, não me poderia consolar meu cinismo presunçoso ou poder-me-ia aliviar meu ceticismo inveterado, e entre raiva, dor, desilusão e mágoa, acabo por perder o controle e não venço forte fio de lágrimas que minhas pálpebras cortam e não estancam.

Quando já se ia longe o irmão, e sem se encontrarem, Flávio volta ao quarto e dirige para onde eu me encontrava um olhar estilhaçado, enquanto me pergunto como se podia dar tal fato, de ele não poder me ver os olhos, e concluí que cada traço do meu rosto devia estar fechado, sem entender como eu por minha vez o podia ver tão bem. Mostrando muita ansiedade, o bom Flavinho se achega de seu pai e só sossega ao deitar o ouvido na altura de meu coração e ao ouvir as batidas que me seguram a vida, últimas. A seguir, se apruma na cadeira e me questiona com seu emotivo jeito: "sem você, o que será de mim, meu pai?", enquanto vejo em seu rosto tantas lágrimas, pouco me importando se era tal comportamento de um vero homem.

Comovido, pude ver o quanto me havia enganado em tudo o que acreditara, abalado em meus princípios e agora em meu potencial de perceber o sentimento alheio, pois aí está o filho a quem julgara mal, tomando-o qual um ente diferente, apenas porque eu não sabia compreender a diferença, como se não fora concebível os estranhos se amarem e contudo aqui se encontra ele, que me amara verdadeiramente, ele só, agora sei. Confesso que me abate ora um sentimento inseguro, como sempre me abateu se porventura enfrentasse circunstância ou indivíduo que eu não compreendia, ou controlava, e assim me vejo com respeito a Flávio, digo, com referenciais perdidos, pois nunca acreditei que ele me tivesse em estima desinteressada, já que éramos sobremodo diferentes, e que a mim devotasse tanto afeto, quando eu lhe dera em retorno tanta inamistosidade e pouca consideração, embora dele eu gostasse. Apesar de tudo o que eu lhe fiz, me ama, e nesse instante dá-me uma vontade irrefreável de me levantar do leito e abraçar aquele moço, aquele ser que me atraía tão intensamente agora, mas, mesmo que lutasse o quão pudesse e me esforçasse de um modo herculeo, não podia eu mover nem mesmo um dedo, pois estava morto.

Dormi pesado, pois as fortes emoções pareciam-me grudar ainda mais àquele corpo miserável e ao escoar o tempo e perfazer a hora, eu despertei e aterrado vi que me mantinha igual, naquela mesma sala branca, constatando angustiado não haver ninguém ali a me velar, senão meu filho. Onde os parentes, meus amigos e políticos, não sei, mas com certeza devem estar atrás dos afazeres, de suas vidas, sem, portanto, haver nesse mundo criatura que encontrasse tempo para prantear meu fim. Mas meu filho, estimado filho, está aqui, bem curvado de tristeza e sentado cabisbaixo, a cabeça apontada para mim, declinado em razão da dor que sente, certamente, ou dorme? Dorme, sim, vejo melhor, mas por motivo do desgaste emocional, ou seja, em ver o pai se ir da vida e também por seu cansaço em me velar por mais de hora em seguida a um dia longo de trabalho.

Com dolorosa simpatia, fito sua cabeça arredondada, onde já se podem ver pequenas perdas de cabelo, e entendo o grande erro que havia cometido ao correr dos anos. Se de meu lado, na verdade, afastaram-se tantas gentes, foi porque cansadas de me ver a remoer rancores e desilusões fizeram o devido, quer dizer, fizeram o que faria qualquer ser sensato, deixaram-me só e sismemado, pois eu fizera funcionar a armadilha que armei a mim mesmo, conseguindo me sentir abandonado, assim provando que não era compreendido nem amado por ninguém, e a irritação que eu sentira no passado por meu filho bom, agora sei, se devia pelo fato de que ele nunca me deixava acreditar nessa ilusão, na qual eu sempre me refugiava. Nesse instante todavia era tarde em demasia para lhe dizer que acredito, ah, e como, em seu amor.

Só me foi permitido ter consciência plena sobre tudo o que se passou mais tarde, e eu não teria condições de reconhecer toda a verdade nesse momento e aceitá-la em sua plenitude sem me revoltar, sem cair num parafuso abissal, de onde regressaria somente através de imensos dispêndios de energia. Existe uma felicidade para cada nível de consciência em que se encontram os homens, e as ilusões são importantes a quem ainda não está preparado para a verdadeira realidade — ou felicidade, que é o mesmo. É preciso que a abertura dos mistérios da alma seja acompanhada pela abertura de nossos corações, para só assim podermos conhecer em profundeza as nossas faltas e as faltas de nossos irmãos, e amá-los. Amarmo-nos. Só desse modo poderemos compreender o inconsciente que escaramuça a deidade que somos nós e onde resta adormecido todo o conhecimento, todo o poder, todo o tempo ou, o que é o mesmo, a atemporalidade.

Mas seria preciso levantar-me antes de tudo, recobrar-me de todo o trauma que se seguiu à minha morte. Depois, daí, encontraria amigos que jamais supusera existir dentro de minha amarga e desesperançosa visão de existência. Não me acariciaram, não ouviram minhas reclamações nem me encheram de conselhos. Fizeram-me ver apenas a minha força, o meu próprio poder, que é estranho e quieto, mudo e incomensurável, que eu me neguei a enxergar por anos a fio. Essa força me ergueu, nascida não sei de onde, sublevou-me e eu pude me recuperar a ponto de encontrar novamente a vida.

Antes de ter existido o mundo, eu sou.

Leitura Recomendada

ENFIM JUNTOS
O Amor pode Atravessar Séculos
Adreie Bakri

Acreditem ou não em reencarnação, todas as pessoas sonham em um dia encontrar sua alma gêmea e dividir com ela todos os momentos de sua vida, ou de suas vidas. Enfim Juntos relata a história de amor de Mário e Ana que, apesar de se amarem profundamente, passaram, vidas após vidas, resgatando erros para, enfim, poder viver o grande amor.

NO VALE DOS SUICIDAS
Quando todas as esperanças parecem perdidas, é aí que aparece a mão salvadora do Criador
Evaristo Humberto de Araújo

Um livro impressionante que traz fatos nunca antes revelados, nem mesmo no grande sucesso Memórias de um Suicida. Num cenário de caos e dor, o leitor irá acompanhar o desespero de Márcio, um espírito suicida. Arrependido e sem encontrar uma saída, uma nova oportunidade lhe é finalmente oferecida.

O EVANGELHO COMENTADO À LUZ DO ESPIRITISMO
Dulcídio Dibo

Esta obra é um compêndio de temas do Evangelho, explicados por Kardec, Emmanuel e André Luiz. Ele traz a visão espírita perante a religião cristã, numa linguagem clara e acessível, com temas contemporâneos e de grande utilidade para a realização do Evangelho no lar.

CONVERSANDO COM A ETERNIDADE
A Inédita Obra-prima de Victor Hugo
Victor Hugo com comentários de John Champers

De 1853 a 1855, o renomado escritor francês Victor Hugo conheceu o espiritismo e participou de conversas em sessões espíritas, chegando a receber centenas de mensagens de pensadores famosos... e mortos, como Shakespeare, Ésquilo, Moliére, Martinho Luthero, Rousseau, Maomé (o Profeta). Neste livro estão as passagens mais importantes de dois anos de comunicação entre Victor Hugo e os espíritos.

Leitura Recomendada

Laços de Amor
Quando há um Reencontro
Adreie Bakri

Pautada por momentos de enorme sensibilidade e fortes emoções, a obra entretém e, acima de tudo, ensina que devemos lutar por nossos objetivos a todo instante para sermos sempre merecedores de um belo reencontro.

Lei do Retorno, A
Os Anjos Também Choram
Melissa Gimenes Costa

Paulo é um anjo... Um ser de luz que tem a missão de ajudar as pessoas. Esta é uma obra que mostra como encarar a vida de uma forma elevada, utilizando seus eventos para crescimento pessoal e espiritual

Verdade Revelada por Allan Kardec, A
A Atualidade do Ensinamento Espírita
Alain e Gisèle Guiot

Os Autores preparam uma nova leitura da obra de Kardec, atualizando-a para os dias atuais. Esta obra é mais uma confirmação de que as revelações morais, filosóficas e espirituais deste espírito genial continuam vivas e podem ser compreendidas por nós.

Cidade dos Espíritos, A
A Vida no Mundo Espiritual
Rosabela Paz

O livro psicografado por Rosabela Paz é revelador e responde às mais importantes perguntas que nos fazemos enquanto encarnados: Para onde vamos? Qual será o nosso destino? Traz em suas linhas imagens emocionantes que tocam até os mais céticos. Muitos podem sentir como se estivessem revendo cenas que assistiram no mundo dos espíritos.

MADRAS® Editora

CADASTRO/MALA DIRETA

Envie este cadastro preenchido e passará receber informações dos nossos lançamentos, nas áreas que determinar.

Nome _____
Endereço Residencial _____
Bairro _____ Cidade _____
Estado _____ CEP _____ Fone _____
E-mail _____
Sexo ☐ Fem. ☐ Masc.   Nascimento _____
Profissão _____ Escolaridade (Nível/curso) _____

Você compra livros:
☐ livrarias ☐ feiras ☐ telefone ☐ reembolso postal
☐ outros: _____

Quais os tipos de literatura que você LÊ:
☐ jurídicos   ☐ pedagogia   ☐ romances   ☐ espíritas
☐ esotéricos ☐ psicologia ☐ saúde   ☐ religiosos
☐ outros: _____

Qual sua opinião a respeito desta obra? _____
_____

Indique amigos que gostariam de receber a MALA DIRETA:
Nome _____
Endereço Residencial _____
Bairro _____ CEP _____ Cidade _____

Nome do LIVRO adquirido: **O Verdadeiro Sentido da Vida**

MADRAS Editora Ltda.
Rua Paulo Gonçalves, 88 - Santana - 02403-020 - São Paulo - SP
Caixa Postal 12299 - 02098-970 - S.P.
Tel.: (0_ _11) 6959.1127 - Fax: (0_ _11) 6959.3090
www.madras.com.br

Para receber catálogos, lista de preços
e outras informações escreva para:

MADRAS IC
Editora

Rua Paulo Gonçalves, 88 — Santana
02403-020 — São Paulo — SP
Tel.: (0_ _11) 6959.1127 — Fax: (0_ _11) 6959.3090
www.madras.com.br